I0411977

Lieber Lutz Bachmann!

Wir, die Redaktion des Preußischen Anzeigers, bedauern Ihren Rücktritt. Statt mit Dreck auf Sie zu werfen, erklären wir uns mit Ihnen solidarisch. Mit Ihrer Bewegung haben Sie ein Tor geöffnet, das endlich Diskussionen über Themen erlaubt, die vorher mit dem Schloss eines Tabus behangen waren. Endlich sind Diskussionen über Islam und Einwanderung möglich. Das verdanken wir Ihnen. Wir hoffen, Sie bleiben auch weiterhin politisch aktiv, in welcher Form auch immer. Betonen wollen wir den Umstand, dass Sie Diskussionen ermöglicht haben, die sich nicht mehr wegschließen lassen. Ihr Vorwurf der "Lügenpresse" stimmt nämlich. (Wenn auch nicht für jede Zeitung und jedes Magazin!) So lange bestimmte Medien lügen, zum Beispiel indem sie Ausländergewalt verharmlosen oder islamisch motivierte Gewalt verschweigen, so lange brauchen wir Männer wie Sie. Mögen Ihnen in Ihrer Vergangenheit Fehler unterlaufen sein (wem nicht!), so haben Sie doch etwas erreicht: Offenheit. Und diese Offenheit wird so rasch nicht gehen. Sie wird bleiben, durch Ihre Bewegung und durch bestimmte Medien, wie uns!

Wir bedauern Ihren Rücktritt und wir bedauern die Blindheit linker Medien, die hoffen, nun würde alles wieder wie vorher. Linke Medien müssen sich den Vorwurf der "Lügenpresse" nicht bloß deshalb gefallen lassen, weil sie Fakten unterschlagen haben, sie lügen auch deshalb, weil sie durch persönliche Angriffe, etwa auf Sie, von gesellschaftlichen Problemen ablenken. Es wird Zeit, dass immer mehr Bürger diesen Betrug erkennen. Den Anfang dazu haben Sie gemacht – danke! Danke!

Noch eine Bitte an die Pegida-Bewegung: Haltet zusammen! Wir Bürger glauben an euch!

Mit solidarischen Grüßen

Die Redaktion des Preußischen Anzeigers im Januar 2015

... WAS DANACH GESCHAH

Inhalt:

ISBN-13: 978-1507815762

ISBN-10: 150781576X

Alle Ausgaben seit 2012 im Archiv auf
www.preussischer-anzeiger.de

Preußischer Anzeiger

Nachrichten ‹ Meinungen ‹ Kommentare
Jeden Monat im Netz, im Heft
www.preussischer-anzeiger.de

Islam, Lügenpresse und *GIDAs

VON HAGEN ERNST

Wie ruhig war es doch in der Bundesrepublik. Es wurde geschafft und gelacht. Die deutsche Welt war in Ordnung. Die ab und zu durch Streiks gestört wurden, wenn Aktionäre nicht fliegen, dass Fußvolk nicht Bahn fahren konnte. BRD – das Licht im dunklen Europa.

Doch dann kamen sie aus den Ecken, die Ratten. Nein, Rattenfänger. Wie einst in Ulm, nahmen sie ihre Pfeifen und Flöten und trauten sich auf die Strassen Mitteleuropas. Sahen das Abendland bedroht. So etwas ist man in und von Deutschland seit den späten 1920er Jahren nicht gewohnt. Während in Frankreich die Autoreifen brannten, das Volk seinen Unwillen ausrief, blieb der Deutsche ARD und ZDF treu und schaltete, nur als Revolutionär, auch mal RTL ein. Und plötzlich stehen erst einige hundert, später über 20.000 Menschen im Tal der Ahnungslosen und skandalieren einfache Wörter. Einfache Worte, wie Pfeilspitzen geformt. Die Medien in Deutschland wussten nicht was ihnen geschah. Waren sie es doch gewohnt aus Merkels Reden höchstens die Phrase „5Jahresplan" hinaus zustreichen und „Islam gehört zu Deutschland" fett zuschreiben. Wie ein plötzliches Erdbeben erhob sich eine kleine Menschenmenge und forderte gar freie und unabhängige Berichterstattung. Wortgruppen, die kein seriöser Qualitätsjournalist mehr kennt. Höchstens vom heimlichen fremdlesen in Blogs oder bösen Zeitungen und Zeitschriften, wie den Preußischen Anzeiger.

Sollte es möglich sein, dass der Mensch, der Deutsche, plötzlich selber denkt?

In den Redaktionsstuben gab es Tränen, die nicht von Glück zeugten. War das Vorbild „Neues Deutschland" aus der DDR Zeit doch verkehrt? Mitnichten, man war doch, auch wenn die Titel andere Grundsätze vorgaben, das Zentralorgan der Regierung. Erstrecht wenn Schwarz/Rot mit der Führung Dr. Merkel, die Geschicke Deutschlands, unabhängig von Volk und Vaterland, lenken. Was wollte das Volk denn mehr?

Gute Nachrichten? Mindestlohn; Arbeitslosenzahlen, die Fallen; reichen nicht? Vielleicht noch eine Hitler-Doku im Anschluss? Der Blick ins ferne Amerika oder in die Häuser der Reichen und Schönen? Nichts half. Nichteinmal mehr das Branding „Nazi" half. Und das Volk auf der Strasse schlug nicht zurück. Typisch deutsch lief man schweigend durch die Elbflorenzstadt Dresden. Notfalls auch im Dunkeln. Nur die Worte

Lügenpresse, Wir sind friedlich – was seid ihr

hallten den Weg entlang. Sonst, wie gewohnt, Deutschland ruhe sanft. Ohne Gewalt konnte man schlecht mit PEGIDA umgehen. In Kökn, bei der HoGeSa flog wenigstens noch ein Polizeiwagen um, was man medial vermarkten konnte. Was sind da schon kaputte Fensterscheiben von Geschäften und Banken, brennende Müllcontainer oder geworfene Pflastersteine, wie jährlich zur „revolutionären 1.Mai Demo" in Berlin und Hamburg, wenn doch in Köln ein leeres Polizeifahrzeug umgestürzt wird?

Mehr Gewalt, wünschte sich Politik und Presse. So viel Gewalt, dass man die HoGeSa's und *EGIDA's und nachfolgende Veranstaltungen, als gewalttätige, gewaltverherrlichende, mindestens aber als Naziaufmärsche herzeigen konnte.

Doch Dresden, Leipzig und die anderen Städte hatten sich unter Kontrolle. Selbst wenn Demonstranten von der Polizei umstellt wurden, den Platz nicht verlassen durften – und selbige Polizei aufrief, den Platz zu verlassen ... die Meute blieb ruhig und gewaltfrei. Um wenigstens ein paar schöne Bilder forcieren zu können, entdeckte man den linken Markt. Jene antifaschistischen Schlägertrupps, die gern Steine werfen. Oder Schneebälle auf Kinder. Egal, Hauptsache gegen Deutsche und Deutschland. Da spielt auch die Logik keine Rolle, dass sie selbst unter Umständen Deutsche sind. Weg damit! Die einen wünschten sich Bomber Harris wieder, um Dresden und Deutschland komplett in Schutt und Asche zu legen, vergessen allerdings dabei, dass die deutsche Bevölkerung sich bisher immer wieder zusammengefunden und ihr Land, ihre Heimat wieder aufgebaut hat. Andere brüllten die bekannten Nazithemen ab. Was einmal erlernt ist, bleibt eben haften und dritte versuchten Randale. Meist abseits des Demonstrationszuges, wo man die Nichteinheitsmeinungsmensc hen, allein antraf. Über die Opfer schwieg die Presse soweit es ging. Stattdessen stempelte die Presse

Sympathisanten als eine neue Form von Zombies ab.

Immerhin gaben die Organisatoren des Abendspazierganges der

Patriotischen Europäer gegen die Islamisierung des Abendlandes

ihre Thesen bekannt. Forderungen? Forderungen von deutschen, von Einheimischen? Soweit kommt es noch, brüllte es hier und da aus den Büros der Chefredaktionen quer durch das hell leuchtende Abendland. Nichts da! Wenn die Zentralräte der Juden, der Roma und Sinti, der Afrikaner in Deutschland, der werweissauchimmer Forderungen stellen, ist das politisch korrekt. Aber Deutsche, die fordern?

Die Antifa hingegen erinnerte sich an die deutsche Geschichte. Zwar irgendwie

Führerlos und dennoch getreu den Traditionen anderer Strassenarmeen der Sozialisten war man kampfbereit. Ohne braune Uniformen, dafür aber mit einer – ihnen gegenüber – kritiklosen Presse. Die trotz des kleinen Aufstandes im weit entferntem Ost-Süd-Sektor der Republik, weiterhin ihre Leitlinien befolgte. Tötet ein Türke zum Beispiel eine Schwangere, und verbrennt sie danach, werden Namen und Herkunft nicht genannt. Fährt ein Deutscher gegen ein Stoppschild, wird am besten die Adresse fett gedruckt.

Während die Aktivisten der Polizei applaudierten und sich bedankten, dass sie einem demokratischem Grundrecht nachkommen konnten, liessen die Linken sich nicht zweimal bitten und griffen auch eingesetzte Beamte an. Die Presse, degradiert als

Lügenpresse, reagierte daraufhin nicht.

Eben jene Lügenpresse, die bereit war, alles zu tun, für einen neuen totalen Krieg. Unter Anweisung der NATO, bereit für Bündnispartner zu töten. Das ein Jahr, nach dem 100-jährigen Gedenken, des Anfangs des I. Weltkrieges. Wer wagt darüber nachzudenken, sei ein Nazi. Oder trägt wenigstens einen Aluhut. Somit konnten zumindest noch die Friedenswünsche der Montagsversammlungen in diesem Land niedergeredet werden. Doch gegen einen Schweigemarsch, der sich nicht provozieren lässt, waren selbst jene geschriebenen Worte nicht wirksam.

Aber der Begriff Lügenpresse, passte jener Lügenpresse nicht. Statt nachzudenken, warum die Menschen, dem selbsternannten Qualitätsjournalismus diesen Titel vergaben, fand man Partner in der Wahrung der deutschen Sprache.

Schnell war ausgemacht, dass Lügenpresse, ein Naziwort sei. Und somit das Unwort des Jahres 2015. Die Ehrung des Wortes, unter falscher Fahne: Man vergass zu erwähnen, dass Lügenpresse bereits Ende des 19.Jahrhunderts verwendet wurde, später auch im 20. Jahrhundert – zum Beispiel im ersten Weltkrieg, um die Gegenpresse zu demaskieren. Auch Nazis kannten das Wort, wie auch die Kommunisten und Sozialisten, die das Wort Ende der 1960er wieder auskramten, um gegen den Axel-Springer-Verlag anzugehen. Doch all dieses war unwichtig. Lügenpresse gleich Nazivokabular, basta! Deshalb erhielt die Jury zum Unwort des Jahres auch den SOZIALTROLL, wie Sie in dieser Ausgabe lesen können.

Zeitgleich bestätigten Politiker, dass der Islam zu Deutschland gehöre. War es einst der, für Funk und Presse, in Ungnade gefallene Bundespräsident Wulff, so zitierte ihn jetzt gar die Kanzlerin. Ja, der Islam gehöre zu Deutschland. Keine Diskussionssendung in der sich selbst überzeugend freien, unabhängigen, für viele jedoch Staats- und Lügenpresse, in der nicht der Islam Thema war. Wobei immer betont wird, Islam sei kein Islam und hätte schon gar nichts mit dem Islam zu tun. Wer etwas anderes behauptet, sei Nazi. Mindestens.

Begründet wurde dies nicht. Einzig heruntergebetete Varianten der offiziellen politischen Sprache trugen die Selbstdarsteller vor. Schnell werden auch andere Phrasen entwickelt. So durfte man hören, dass der Ausruf „Wir sind das Volk" nun fehlgeleitet ist. Thierse, Bundespolitiker der SPD, vereinnahmte den Slogan für sich und seine Bürgerrechtler. Thierse kritisierte das aus 1989 stammende Motto „Wir sind das Volk" und sagte, diesmal richte es sich anders als damals „gegen ein demokratisch gewähltes Parlament". Der Anspruch, für das Volk zu reden, sei ohnehin „ziemlich relativ". Die Mehrheit lehne Pegida ja ab. Achja, Herr Thierse, möchte man ihm zurufen, wenn das Millionen Bundesbürger vernehmen,

auch die DDR hatte Wahlen. Und die „Nationale Front" der DDR findet sich in der großen Koalition irgendwie wieder, mit den Partnern von den Bündnisgrünen und der untergegangen FDP.

Doch nicht nur Thierse wandte sich von Teilen des Volkes ab.

Bündnisgrünenpolitiker Beck erstatte gar Anzeige gegen die Polizei. Weil sie angeblich nicht richtig ermittelte, bei einem Mordfall am Rande der PEGIDA Dresden. Dumm nur, dass später herauskam, dass die Polizei ermittelte und den Täter fast. Ein Asylbewerber aus dem Lebensraum des getöteten. Dies alles muss, im Gegensatz zum schweinefleischfreiem KITA-Essen, zum getrennten Schwimmunterricht für Muslimas oder zum Extragebetsraum für Muslime in den Schulen, nichts mit dem Islam zu tun haben. Die Vorabentschuldigen der Regierungen in Europa allerdings schon. Ebenso die Teilaufgabe der Freiheit, wenn Vermummungsgesetze zum Beispiel nicht für Burkaträger(innen) gelten oder Feste und Traditionen aus Rücksicht von Einwanderern umbenannt werden (sollen).

Das der Fehler in der Politik lag, erkennt jeder Kritiker und Denker. Bis heute distanziert man sich von dem Wort Einwanderungsland, bis heute schützt man den Blasphemie-Paragraphen. Dabei darf man zwar die eigenen Götter und Propheten veralbern, aber wehe .... Da versteht man notfalls sogar die Fundamentalisten und Radikalen der fremd-göttlichen Bewegungen. Kein Politiker aber fragt jene fehlgeleiteten Narren, warum ihr Gott, ihr Prophet, der die Welt erschaffen hat und sie durch Gesetze regelte, gerade sie benötigt, damit sich die Welt weiterdreht.

Doch auch die PEGIDA-Organisatoren dürfen sich fragen lassen, seit wann Deutschland, Mitteleuropa, eine jüdisch-christliche Abendlandkultur hat und was daran schützenswert ist. Doch die meisten Mitläufer haben ganz andere Probleme, den die *GIDAs nur teilweise nachkommen. So werden die soziale Grundlage der Deutschen, die durch Tod, Blut und Schweiss erschaffen wurde, die demokratischen Grundrechte der freien Meinungsfindung, der Rede-

und Pressefreiheit, nur als Randthemen aufgenommen. Allerdings ändert sich dies mit dem Erfolg der LEGIDA und weiteren Veranstaltungen von Mecklenburg-Vorpommern bis nach Hannover oder NRW.

Davon abgesehen, widerspricht sich der Gegner selbst. Denn gerade „offen und tolerant" wäre es, den Demonstranten – auch oder gerade wenn sie nicht der Mehrheit des Volkes, wie die Medien uns immer wieder zu implementieren versuchen, ist – zuzuhören, hinzuhören und eben jenen tolerant gegenüber zu sein, die ihre Meinung finden und äußern zu wollen. Hieran muss die deutsche Politik wirken, sie muss endlich tätig werden. Für das Volk, und dazu gehören alle in der Bundesrepublik lebende. Der Hartzer, wie der Selbstständige, der Angestellte wie der Freie, der Moslem, wie der Katholik, der Odinfreund wie der Atheist, der Mutige, wie

der Feigling. Allein deshalb müsste die deutsche Politik, allein zur Wahrung der demokratischen Kultur, mitmarschieren und jene Spaziergänger unterstützen! Redeten doch gerade die Politiker, die heute die Demonstranten als Nazis und Mischpoke betiteln, noch vor wenigen Wochen davon, dass der Deutsche leider politikmüde wäre. Waren sie es doch, die einst den Ex-Bundeskanzlern am Zipfel der Macht hangen, die schon damals vor der Einwanderung, der Globalisierung, dem Islam oder vor einem Krieg mit Russland warnten. Ob Schmidt oder Schröder, ob Kohl oder gar Adenauer, die bestimmt nicht im Verdacht stehen resp. Standen nationalsozialistische Politik machen zu wollen.

Auch wird gern vergessen, dass einst gerade die Nazis

den Islam förderten und mit ihnen auf den Kriegsplätzen der Welt kämpften. Doch das passt nicht zu den Beschimpfungstriaden, die derzeit der Bürger aushalten muss. Deshalb lässt man das Volk tanzen. Unter dem Motto „offen und tolerant – für eine bunte Stadt". Wie bunt soll der Deutsche eigentlich noch werden, der mal rot anläuft, mal rosa-schweinefarben ist und sich hier und da blaue Flecken holt. Pegida – ob man mit dem Positionspapier übereinstimmt oder nicht – hat ein Danke verdient, und mit ihr auch der geschasste Lutz Bachmann. Sie, die Organisatoren, zeigten einmal mehr, das Volkspolitik, Demokratie in Deutschland möglich ist. Allerdings nur, wenn das Volk aufsteht und auf den Strassen der Republik aufstampft.

Jedoch bleibt es abzuwarten, ob PEGIDA den eigenen Ansprüchen gerecht wird. Pasrteiunabhängig zu agieren. Mit der Einmischung der AfD wird dies schwer, mit dem plötzlichen Zueinanderfinden zwischen Lügenpresse und Organisatoren ebenso.

DIE HOFFNUNG ZERSTÖRTE SICH DIESER TAGE VON SELBST. PEGIDA E.V. LÖST SICH AUF UNS EINE ABSPALTUNG VERSUCHT SICH ALS KONSERVATIVER IDEENLIEFERANT ...

Der Gewinner des Sozialtrolls für den Januar 2015!

VON WOLFGANG LULEY - MITGLIED DER JURY

Der Sozialtroll des Monats Januar 2015 bekommt die „Sprachkritische Aktion: Unwort des Jahres" verliehen.

Herzlichen Glückwunsch!

Liebe Frau Janich, erlauben Sie bitte, dass ich Sie, als Sprecherin der Aktion, stellvertretend für die Gruppe anspreche. Als selbst ernannte Sprachpolizei suchen Sie die „Verbrecher" unter den Worten und ketten diese an ihren öffentlichen Pranger. Getroffen hat es dieses Mal das Wort „Lügenpresse". In Ihrer Begründung schreiben Sie:

„Das Wort „Lügenpresse" war bereits im Ersten Weltkrieg ein zentraler Kampfbegriff und diente auch den Nationalsozialisten zur pauschalen Diffamierung unabhängiger Medien."

Tut mir leid, das ist schon ein Griff ins Klo. Das Wort tauchte bereits, laut Wikipedia, Mitte des 19. Jahrhunderts auf. Außerdem wurde der Propagandaminister der Nazis, Josef Goebbels, von Linken als „Meister der Lügenpresse" bezeichnet.

Und die linke Zeitung „junge Welt" titelte:

„Sie lügen wie gedruckt - wir drucken, wie sie lügen".

Aber Ihrer Meinung nach soll die „Lügenpresse" nur ein Kampfbegriff der Nazis und der Rechten sein. Nebenbei,

Frau Janich, warum sollten Linke weniger lügen als Rechte!

Wundern muss ich mich auch, wie Sie Bürgern das Recht auf Meinungsfreiheit absprechen wollen. Auch wenn Sie in Ihrer Begründung nicht den Namen der Bürgerbewegung nennen, Sie schreiben nur „besorgte Bürger", doch ist klar, wen Sie meinen. Sie meinen die Patriotischen Europäer gegen die Islamisierung des Abendlandes (Pegida). Wer sich einen solch langen Namen gibt und damit noch auf die Straße traut, sollte sich – meiner Ansicht nach - nicht Pegida nennen, sondern Diva. Aber das nur am Rande. Zurück zu Ihnen. In Ihrer Begründung schreiben Sie von einer:

„gezielt geschürten Angst vor einer vermeintlichen „Islamisierung des Abendlandes"".

Soll heißen: Die Bürger, die mit der Pegida auf die Straße gehen, sind alles Schafe, die Wölfen in Schafskostümen folgen? Da stimmt dreierlei nicht.

1. Die Pegida-Demonstranten gehen auf die Straße, weil sie sich von der Politik im Stich gelassen fühlen.

2. Wer Gewalt von Moslems zum Thema erhebt, spricht über Fakten und schürt keinen Hass.

3. Ihre einseitige Auslegung der Fakten zeigt nur, dass der Vorwurf der Lügenpresse stimmt.

Damit Sie, Frau Janich, nicht glauben, ich würde mit dieser Behauptung ins Klo greifen, so wie Sie mit Ihrer, zähle ich Ihnen einige Punkte auf, die erkennen lassen, wie Deutschland islamisiert wird.

Etwa die Aufforderung, an Ramadan, nicht vor Moslems zu essen; **der Muezzin ruft inzwischen in über 15 deutschen Städten zum Freitagsgebet** (Aachen, Dortmund, Bochum usw.); **Schwimmbäder führen Badezeiten für Moslems ein,** in denen „Ungläubige" draußen bleiben müssen; in manchen Städten (Wuppertal) **patrouillieren Moslems als „Scharia-Polizei"** und sorgen für die Einhaltung moslemischer Vorschriften.

Und da sprechen Sie von einer „angeblichen" Islamisierung.

Ich glaube, die Pegida-Demonstranten wollen Antworten, so einfach ist das. Was sie aber zu hören bekommen, sind haarsträubende Lügen und Märchen. Wenn es Sie, als Vertreterin der Medien, einen Scheiß interessiert, was das Volk denkt und will, sagen Sie es doch einfach. Sie könnten sich diese ganzen Märchen und Halbwahrheiten sparen. Die Bürger stimmen doch bereits seit Jahren mit den Füßen gegen die Medien ab. So las ich vor Tagen, auf dem Statistik-Portal (statista.com), die Auflagen der Tageszeitungen, in Deutschland, brächen ein.

Lag die Auflage (2004 und 2005) noch konstant bei 21,7 Millionen, lag sie 2014 nur noch bei 16,8 Millionen. Nun wollen Sie mir sicher erklären, dass habe nichts mit einer Lügenpresse zu tun. Ich selbst lese täglich in der Lügenpresse; offen gestanden:

Ich habe nie gezählt, wie oft ich bei den täglichen Nachrichten und Meldungen ungläubig den Kopf geschüttelt habe. Hätte ich aber dafür immer 10 Cent bekommen, wäre ich jetzt Millionär. (Unter uns gesagt: Ich bin auch kein Freund von Handbüchern, die man, als Autor, von seiner Zeitung bekommt und in der vorgeschrieben ist, welche Ausdrücke und Formulierungen zu verwenden seien. Das ist schlicht: Zensur!)

Noch eine persönliche Anmerkung zu Ihnen, Frau Janich; Sie sind Professorin für Deutsche Linguistik, davon habe ich in Ihrer Begründung nichts gemerkt. Eine Wahrsagerin, die die Zukunft aus dem Boden des Kaffeesatzes liest, hätte das besser gemacht. Zumindest nicht schlechter als Sie.

Aber lachen Sie ruhig, denn, im Gegensatz zu der Wahrsagerin, haben Sie einen Preis gewonnen. Ist das was - oder ist das was!

Mit herzlichen Grüßen

Redaktion des Sozialtrolls

LÜGENPRESSE
STAATS- & PROPAGANDA
Blätter

Tod der Schwangeren

ANONYME ZUSENDUNG
VERFASSERIN DER RED. BEKANNT

"Maria war erst 17 Jahre jung, als sie Eren kennenlernte. Sie verliebte sich und schenkte ihm ihr Herz. Aus Liebe zu ihm konvertierte sie sogar zum Islam und verschrieb sich einem neuen Leben. 2 Jahre führten sie eine Beziehung, obwohl seine Familie gegen diese Romanze war. Doch dann passierte es: Maria wurde schwanger. Eren verlangte die Abtreibung, doch Maria weigerte sich. Gemeinsam mit einem Freund lockte er Maria zu einer abgelegenen Stelle im Wald und bedrohte sie. Als Maria noch immer die Abtreibung verneinte, wurde Eren gewalttätig. Zunächst bricht er der jungen Frau die Beine, damit sie nicht fliehen kann. Mit mehreren Messerstichen in den Unterleibt tötet Eren das Kind und verletzt Maria lebensgefährlich. Doch das genügt ihm nicht. Er holt einen Benzinkanister, übergießt damit Maria und verbrennt sie bei lebendigen Leib. Die Leiche versteckt er im Anschluss im Wald. Später wird Maria von Spaziergängern entdeckt, die die Polizei rufen. Am gleichen Tag geht Eren zur Polizei und meldet seine Freundin vermisst. Doch die Beamten sind misstrauisch und verhören ihn. Nun sitzen Eren und der Komplize in Untersuchungshaft. Ihnen wird gemeinschaftlicher Mord und Schwangerschaftsabbruch vorge-worfen."

Dieser Fall erinnert an die Ermordung von Jolin S., die ebenfalls von ihrem Ex-Freund bestialisch getötet wurde, um die ungewollte Schwangerschaft und Scham für die Familie zu beenden.

In beiden Fällen wird eines deutlich: **Diese Täter lieben nicht.** Sie empfinden keine tiefe, seelische Verbindung, sondern wollen nur besitzen. Sie haben gelernt, dass Frauen nur Objekte sind, über die sie verfügen können, wie es ihnen beliebt. So verlangen sie stets die Konvertierung zu ihrem Glauben, die völlige Anpassung ihrer Lebenswelt an die eigene Lebensrealität. Sie verlangen die völlige Unterwerfung und ein absolutes Gehorsam. Leisten sie diesen Forderungen kein Nachkommen, arten ihre

Reaktionen in Gewalt aus. Sie bestimmen über Leben und Tod. Sie bestimmen über Recht und Unrecht. Es ist kein Platz für Mitleid oder Mitgefühl, denn das Ansehen der Familie und die eigene Ehre stehen über jedes Leben. Das Kollektiv muss bestehen bleiben, koste es, was es wolle.

Und am Ende bezahlen Maria, Jolin und die vielen weiteren Namen auf einer langen Liste sinnloser Tode.

HoGeSa - vorbei mit Ahu?

VON JÖRN GRONEMANN

PEGIDA ist in aller Munde. Eine Organisation, die schon länger gegen die Islamisierung protestiert, ist weitaus weniger bekannt: Hooligans gegen Salafisten (HoGeSa).

Die meisten kennen sie nur aus verfälschten Bildern aus der Lügenpresse. Sie werden als Schläger dargestellt, als Nazis. Doch wer verbirgt sich dahinter genau?

Zunächst muss einmal mit dem Vorurteil aufgeräumt werden, Hooligans seien randalierende Fußballchaoten, die ziellos alle Gegner angreifen. Das ist, mit wenigen Ausnahmen, nicht die Regel sondern das Bild, was uns die Medien vorgaukeln. Hooligans rivalisierender Vereine verabreden sich mit ihren Gegner. Unter bestimmten Regeln, einem Ehrencodex folgend, kommt es dann zum „Schlagabtausch". Es ist nichts anderes, als wenn zwei Boxer in den Ring steigen. Seit Mitte Januar führen solche Treffen nach BGH Urteil allerdings zum Verdacht, eine kriminelle Vereinigung zu sein (DER PREUßISCHE ANZEIGER BERICHTETE AUF DER NETZSEITE). Im Jahr 2012 gründete sich das Hooligan Netzwerk „GnooHoonters" (gesprochen „New Hunters") , bestehend aus 17 Gruppierungen aus ganz Deutschland. Das Motto: „in den Farben getrennt, in der Sache vereint". Die Vernetzung fand hauptsächlich in einem Internetforum statt. Die ersten Demonstrationen fanden in Mannheim und Mönchengladbach, anlässlich der Auftritte von Pierre Vogel. Sie zählten bis zu 300 Teilnehmer. Ende September kam es dann zu einem Kennlerntreffen, an dem 300 Hooligans teilnahmen. Anschließend kam es zu Kundgebungen in Essen, Mannheim und Nürnberg, wobei auch hier die Teilnehmerzahl nicht höher als 300 war.

Es folgte der berühmte 26. Oktober 2014 in Köln. Statt der erwarteten 1.500 Teilnehmer erschienen um die 4.000 die Angaben schwanken. Der Auftakt begann mit einer Kundgebung am Hauptbahnhof, musikalisch unterstützt u.A. durch die Gruppe „Kategorie C". Die Menge setzte sich in Bewegung. Und hier beginnt der Medienschwindel. Es gibt Videobeweise, die den tatsächlichen weiteren Verlauf wiedergeben:
Die Polizei kesselte die Demoteilnehmer von beiden Seiten ein. Es war alles friedlich.Die Polizei löste die Versammlung grundlos auf. Zuvor kam es zu einen Angriff durch die Friedlichen Gegendemonstranten auf die HoGeSa, wodurch zwei Teilnehmer schwer verletzt worden seien sollen. Eine Durchsage der Polizei, hinten, wies die Demonstrationsteilnehmer an, das Gelände zu verlassen. Vorne jedoch stand eine andere Polizeieinheit, die ein Verlassen des Geländes verhinderte. Auch einzelne Teilnehmer wurden nicht durchgelassen, sie wurden grob zurückgestoßen. Grundlos wurden plötzlich, gegen die sich völlig ruhig verhaltenden Demonstranten Wasserwerfer eingesetzt Es machte sich Unmut breit, welchen die Teilnehmer lauthals äußerten. Daraufhin eskalierte die Gesamtsituation durch den Einsatz

von Schlagstöcken und Pfefferspray seitens der Polizei. Das einzige, was in den Medien zu sehen war, war nur das umgekippte Polizeiauto und farbiger Rauch. Die Wahrheit wurde verschwiegen, worauf die Presse das neue Ziel der HoGeSa wurde.

Der Begriff „Lügenpresse" wurde aufgenommen.

Die nächsten HoGeSa, dies hat sich inzwischen als Name der Demonstrationen einge-bürgert, sollte erst angeblich in Berlin stattfinden. Es stellte sich jedoch heraus, dass der Anmelder nichts mit der Organisation zu tun hat. Auch in Hamburg, das im Gespräch war, fand keine HoGeSa statt, da die Hamburger Hooligans mit der Route durch das rote Viertel nicht einverstanden waren. Nächste Station also:

Hannover, 15.November '14. Schon im Vorfeld bekamen potentielle Teilnehmer Besuch vom Staatsschutz. Es könne sehr viel Ärger geben, wenn man in Hannover auftauche. Vorsorglich wurden schon Platzverweise für das gesamte Stadtgebiet Hannover ausgesprochen.

Ich selbst durfte Zeuge sein.

Als ich zu Besuch bei meiner Tochter im Norden war (ich reiste einen Abend zuvor aus Franken an) und kurz vor der Tür eine rauchte, fuhr ein mir schon verdächtiger Wagen auf den Hof. Zwei Männer, die mir bekannt vor kamen, stiegen aus und begrüßten mich mit einem „Guten Morgen, Herr Gronemann".

Als erstes kam die Frage, ob ich am nächsten Tag nach Hannover wolle, welches ich mit einem „Nö, ich mach Urlaub" verneinte. Die gleiche Frage an meine Tochter bezüglich meines gerade abwesenden Schwiegersohns konnte meine Tochter verneinen, denn er müsse arbeiten. Eine Antwort auf die Frage wo er gerade arbeite bekamen sie natürlich nicht. Angeblicher Vorwand des Besuches war die Rückgabe zweier Farbdosen, die bei der letzten Hausdurchsuchung beschlagnahmt wurden. Wer es glaubt...

Aber zurück zum Thema. Hannover.

Aus der zunächst angemeldeten Demonstration wurde eine stationäre Kundgebung unter strengen Auflagen (im Gegensatz zu Aufständen des roten Mobs herrschte strengstes Alkoholverbot. Nicht nur am Versammlungsort selbst, auch auf den großen Bahnhöfen im Umland bis nach Hamburg sowie in allen Zügen nach Hannover. Bei den Einlastkontrollen mussten die Teilnehmer pusten). Auch diese musste erst vor dem Verwaltungsgericht durch geklagt werden. Neben den oben genannten Repressionen der Hausbesuche kam es auch zu Problemen bei der Anreise. Viele erreichten den Kundgebungsplatz gar nicht erst, so dass anstatt der erwarteten 6.000 nur 3.000 erschienen. Wider Erwarten der Medien, dass dort nur alkoholisierte Schläger und Neonazis auftauchen würden, sah man plötzlich ein buntes Völkchen auf dem Platz. Rentner, Frauen, Durchschnittsbürger. Die gesamte Versammlung blieb ruhig, dem außen stehenden Teilnehmer per Direktübertragung im Netz erschien sie schon fast langweilig. Man ließ sich durch nichts provozieren, weder durch Polizeischikanen, noch durch die Angriffsversuche der inzwischen zum Platz durchgebrochenen Antifa.

„Wir sind das Volk"

schallte es immer wieder durch Hannover. Spätestens von diesem Zeitpunkt an war HoGeSa das Volk und das Volk HoGeSa.

Die Friedliche Abreise wurde jedoch maßgeblich durch die friedlichen Gegendemonstranten gestört. Randalierend zogen schwarz vermummte Antifas durch die Stadt und warfen Schaufenster ein, griffen auch unbeteiligte Bürger an. Höhepunkt war, als ein roter Mob von etwa 30 – 40 Personen vier HoGeSa Teilnehmer mit Schlagstöcken und Reizgas überfiel. Am Boden liegend wurden sie zusammengetreten. Es war eine versuchte Tötung. Auch hierfür gibt es Videobeweise einer Anwohnerin, die das aus dem Fenster Heraus aufnahm. Die Medien berichteten selbstverständlich nur, dass diese Gewalttaten bei der HoGeSa Demonstration verkamen, aber nicht, von wem die Gewalt ausging.

Neben den extremen Islamisten und der Presse gab es jetzt ein weiteres Feindbild:

Antifa.

Spätestens jetzt wurde klar, dass der Fehler nicht im System liegt, sondern das System der Fehler ist. Bis Januar war es ruhig um die HoGeSa. Man zog sich, wie man so schön sagt, zu

Beratungen zurück. Zurzeit liegt der Schwerpunkt darauf, die PEGIDA Demonstrationen in den verschiedenen Städten vor den gewaltbereiten Gegendemonstranten zu schützen.

Mittlerweile wurde, wie oben erwähnt, gerichtlich bestätigt, dass Hooligans eine kriminelle Vereinigung sein können, die Telefone werden abgehört. Doch nun ist HoGeSa - am Ende - aufgelöst. Ein Teil der alten Organisation hat sich bereits Ende 2014 mit anderen zusammengetan und am 03.01.2015 den Gemeinsam-Stark Deutschland eV. gegründet.

Nach dem Debakel in Essen (18.01.2015) und dem Solidaritätskonzert (24.01.2015) sind auch die letzten bei HoGeSa raus.

Wie geht es weiter?

„Gemeinsam Stark Deutschland e.V." meldete bereits für den 8. Februar die nächste Demonstration in Ludwigshafen an.

Wir sehen uns wieder – oder wie die Hooligans es sagen würden:

Ahu!

Das Märchen von den friedlichen Mehrheits-Muslimen aus „Tausendundeiner Nacht"

VON TANJA KRIENEN

Wenn in diesen Tagen in tausendundeinen Artikeln über die Morgenland-Ideologen die Formulierung „Beide Seiten müssen jetzt" erscheint, beende ich sofort die Lektüre. Ähnlich ergeht es mir bei der zweiten großen Abwiegelungs-Formulierung „Die Mehrheit der Muslime ist friedlich", die pflichtgemäß selbst dort eingeworfen wird, wo der Standard-Blödsinn „Das hat nichts mit dem Islam zu tun", nicht fällt.

Wer aber bildet eine Mehrheit? Gab es je eine Mehrheit einer Bevölkerung, einer Religion, auf der Straße oder unter Waffen? Niemals! Niemand glaubt doch, Frauen, Kinder, alte Leute oder die vielen Behinderten usw. würden mehrheitlich öffentlich Gewalt ausüben. Wenn ein Familienclan von hundert Personen sich durch Straftaten ernährt oder das entscheidende Zubrot verdient, reicht es, wenn maximal 10% der Familienbande aktiv wird. 90% sind „rechtstreu" und „friedlich", sitzen zu Hause und stopfen, kochen, jammern, beten und treiben es miteinander und doch lebt die Mehrheit von kriminellen Machenschaften.

Es reicht also, wenn unter den aktiven Mitgliedern einer Gesellschaft, die bei den Muslimen weitgehend aus Männern besteht, eine Mehrheit zustande kommt und der Rest nur wenig protestiert oder sogar schweigt. 15- 20% zu allem Entschlossene können somit eine Gruppe dominieren, denn sie wird von weiteren 50% oder mehr der Stopfenden, Kochenden, Jammernden, Betenden oder Sich-Treibenden gebilligt und unterstützt. Vor allem in „revolutionären Situationen" oder in Konfliktmomenten, für die es im Alltag unzählige Beispiele gibt, können sich schnell Mehrheiten zusammenrotten und in diesem Sinne agieren, z.b, durch eine Allianz mit der Linken, die weit bis ins SPD und Grünenmilieu hinein reicht. Die „klammheimliche Freude", zur Zeit der RAF noch in aller Munde, wurde nachweislich oft in diesem Milieu sichtbar. Ein einziger finaler Sieg reicht, um jene, die das Vabanquespiel „Offene Gesellschaft" leben möchten, zu besiegen. Dann reicht uns die schmerzliche Erkenntnis nicht mehr, dass 2/3 die Ereignisse duldeten, 1/6 gemäßigt oder vorsichtig widersprachen oder insgeheim anders denkt und ein weiteres Sechstel klar auf unserer Seite stand. Das Spiel ist dann aus.

Aber machen wir doch einmal die Probe aufs Exempel!!! „Unsere Werte" werden also von der Mehrheit der Muslime geteilt? Ja wirklich? Glaubt jemand, die Mehrheit würde tatsächlich sich nicht beleidigt fühlen, wenn der Prophet dargestellt wird? Und ich rede nicht von „Blasphemie", sondern von der einfachen Darstellung oder von einer kritischen Karikatur. Die Darstellung an sich wird aber schon als „Blasphemie" gewertet und damit fangen die Probleme schon an, resp, zeigen sich in aller Deutlichkeit. Wie aber ist es mit der Anerkennung der säkularen Gesellschaft? Wie mit dem Begriff der Ehre? Wie mit der Anbahnung von Eheschließungen? Wie mit der Akzeptanz und Befolgung der zivilen Rechtsordnung? Wie schaut es mit der sexuellen Selbstbestimmung aus? Wer behauptet, diesen Katalog würde die Mehrheit der Muslime unterschreiben lügt, oder ist naiv oder heuchelt sich um die tatsächlichen Fakten herum. Ein ehrlicher Dialog um all das festzustellen findet nicht statt. Niemand fragt nach. Jeder der ehrlich fragt, wird kaltgestellt. Feigheit und Willkür geben sich so die Hand, wie einst Pieck und Grotewohl.

Fazit: den Mehrheits-Islam, also den realen Islam in mehr als 90% aller von ihm dominierten Länder, hält nicht einmal ein Schwein aus, will sagen: niemand der halbwegs ordentliche Ideale besitzt, kann dort leben. Diejenigen, die behaupten, Muslime seien friedlich, sollten endlich einmal eine logische Beweisführung anhand der Praxis der islamischen Staaten vorlegen. Es sei, sie verstehen unter „friedlich" jene gesellschaftliche Friedhofsruhe, in welcher die Macht der Herrschenden nicht zur Disposition steht. Wie seinerzeit bei den Morlocks und den Elois. Man muss sich nur widerspruchlos versklaven lassen, dann ist alles in Ordnung. Hauptsache, es herrscht „Frieden".

LESERBRIEF:
PEGIDA – Ulbig will Sondereinheit für straffällige Asylbewerber

An: presse@smi.sachsen.de

Herr   Ulbig,

wollen Sie uns braven Sachsen wieder faule Eier oder Schlaftabletten verkaufen?

Schon vergessen, 15. April 2011: "Ulbig bringt sächsische Zuwanderungsinitiative in den Bundesrat ein:

Zuwanderungspolitik ist Zukunftspolitik.

...

Ausländerpolitik ist nicht nur Flüchtlingspolitik – so wichtig diese ist, gerade auch angesichts der aktuellen Entwicklungen. Ausländerpolitik soll auch aktive Zuwanderungspolitik sein."

Haben wir nicht selbst schon genug Arbeitslosigkeit und einhergehend soziales Elend durch die Agenda 2010?

Was in der alten BRD in den 1960er Jahren begann, nämlich die Tore für Emigranten weit zu öffnen und ihre 'Schleuser' in einen hohen gesellschaftlichen Rang zu idealisieren, setzt Ulbig devot fort.

Angefangen hatte es mit Gastarbeitern und Familiennachzug, politisch Verfolgten, Boatpeople aus Asien, Asylanten, Fachkräfte, Rotationseuropäer, derzeit Bootsflüchtlinge aus Afrika/Vorderasien sowie Flüchtlinge vor gewaltsamen Konflikten. Sie werden alle gleichermaßen

SEMPEROPER, DRESDEN AM ABEND - BELEUCHTET

instrumentalisiert, und spielen als so genannte "humanitären Aufgabe" ihre Rolle zur Durchsetzung politisch-strategischer Ziele.

Das Leid der Kriegs- und Armutsflüchtlinge mit ihrem Drang zum Verlassen der Heimat wird erst durch das globale Kapital, Ausbeutung, sozialer Armut, mit einem stetig wachsenden Heer an Arbeitslosen und lokaler Kriege vorsätzlich erschaffen.

Die Anwerbeabkommen in der alten BRD mit Türken, Marokkanern, Südkoreanern, Tunesiern ... waren keine freundschaftlichen Akte – wie seinerzeit in der DDR –, sondern Teil der Strategie des imperialen Weltmachtstrebens gewachsene Völker zu denationalisieren, was nichts anderes bedeutet als ein Genozid von innen. Damit soll das größte Hindernis gegen die absolute Herrschaft über die Völker und Ressourcen beseitigt werden.

Eine Rückführung der 'Gäste' aus aller Herren Länder findet nicht statt. Im Gegenteil, Volkes Wille wird von der Fremdherrschaft und ihren willigen Helfern als "Volksverhetzung" geächtet und unter Strafe gestellt.

Beispiel:

Als die Ägypterin Marwa El-Sherbini 2009 bei einer kriminellen Tat erstochen wurde, waren der Verein Bürger.Courage, der Ausländerrat Dresden und der Zentralrat der Muslime sofort zur Stelle, um die "Kunstinstallation 18 Stiche" (18 mannshohe Beton-messer) im Stadtgebiet von Dresden aufzustellen, mit freundlicher Unterstützung aus dem Innenministerium. Im "Kampf gegen Fremdenhaß und Alltagsrassismus", hieß es, "Die Betonmesser symbolisieren die kleinen und großen Stiche, die in Dresden Tag für Tag durch versteckten oder offenen Rassismus solchen Menschen widerfahren ...".

Auch Ihr Kabinettskollege, der Sächsische Innenminister Martens, von der FDP ließ sich nicht lumpen und enthüllte am 1. Juli 2010 ein Gedenktafel im Foyer des Landgerichts Dresden.

Ja, wissen Sie denn das alles nicht, Herr Ulbig? Natürlich wissen Sie es!

Mit linke Schulter an rechte Schulter ...
Rolf Winkler

ZEIGT DRESDEN, ZEIGT SACHSEN, WIE ES GEHT?
DAS WAPPEN SACHSEN, NOCH OHNE ISLAMISCHEN EINFLUSS...

Offener Brief
an den islamischen Staat - IS- und seinen Helfershelfern; den Linken

VON WOLFGANG LULEY

Lieber Islamischer Staat!

Vielleicht weißt Du es nicht, aber Du hast in Deutschland viele Unterstützer. Deutschland ist zwar kein islamisches Kalifat, aber das kann noch werden! Habe bitte etwas Geduld!

Weißt Du, bei uns in Deutschland verehren Dich viele Linke. Die werfen Steine gegen jeden, der anders als sie denkt. Kommt Dir das nicht bekannt vor! Na siehst Du. Da sage noch einer, Deine Methoden seien mittelalterlich. Die sind aktuell. Außerdem: Wen interessieren schon Methoden. Der Erfolg zählt. Ob Andersgläubige nun gesteinigt, geköpft oder vom Dach eines Hochhauses gestoßen werden, ist doch egal, Hauptsache, die Ungläubigen sind futsch.

Laut Koran kann es Dir auch egal sein, ob Du gerade Juden, Christen oder Atheisten tötest. Ist doch eh alles Gesindel. Ja, Du hast es gut. Bei uns hingegen führt man Diskussionen, ob der Islam überhaupt etwas mit dem Islam zu tun hat. Kurios nicht. Dein Anführer Abu Bakr al-Baghdadi ist in seinen Ansprachen immer glasklar: Der Koran ist nicht interpretierbar, er muss so verstanden werden, wie er von Mohammed überliefert wurde. Ungläubige sind zu töten, es sei denn, sie zahlen eine Steuer. Wo der Islam

MEHR
OFFENE
BRIEFE?

dann:

demokratur.eu
Magazin für kritische Nachrichten und Berichte

gilt, zählt auch das islamische Recht, die Scharia. Leider, leider, will aber kein Linker Deinen Anführer verstehen. Die meinen, er sei nur ein Irrer, der mit dem Islam nichts zu tun habe. Haha! Da musst Du auch lachen, nicht wahr! Das ist aber nur ein Verwirrspiel der Linken. Die nutzen nämlich jede Chance, die sich ihnen bietet. So malen die Hakenkreuze an Asylantenheime, in denen Asylanten Opfer ihrer Mitbewohnern werden. Und was tut die blöde Polizei? Die beweist, wer es wirklich war. Da kann man sich als islamischer Staat doch nur die Haare raufen. Du hättest diesen Asylanten, den Khaled B., öffentlich enthauptet, dabei gefilmt und das Video ins Netz gestellt. So wie etwa jetzt, als Du vielleicht einen Japaner enthauptet hast. (Die japanische Regierung muss noch die Echtheit des Videos prüfen.) Immer diese Bürokraten. Als ob Du je gelogen hättest. Wir beide wissen, was Du willst, so wie die Linken. Darum lenken die auch von Dir ab. Die nutzen dazu ihre Kampfbegriffe: Respekt, Vielfalt, Toleranz, Willkommenskultur. Als ob Du je damit Probleme gehabt hättest. Wer gegen Dich ist, den tötest Du. Ist doch egal, wer das ist. Selbst Kinder und Frauen lässt Du öffentlich hinrichten. Da beklage sich noch einer, er sei benachteiligt worden. Die Linken wollen auch keinen benachteiligen. Das hat man gesehen, als es die DDR noch gab. Da wurde eine Mauer gebaut und die war für jeden. Wie geil war das denn! Und die Schießanlagen waren auch für jeden. Die haben Flüchtlinge sogar in den Rücken geschossen.

Haha! Was ein Ulk! Und die Linken glauben, Du würdest ihnen helfen, diese Zeit wieder zu erreichen. Ja, ich weiß, die Linken sind blöd. Schon Khomeini hat die Linken hängen lassen. Mir brauchst Du das nicht erzählen, wir beide wissen, was Du mit den Linken anstellen wirst, wenn Deutschland einst Kalifat sein wird. Du lässt sie ebenso hängen, wie sie Deutschland hängen lassen. Das hat man auch Anfang 2015 gemerkt, als Dein Bruder, der Alqaida, durch zwei Mitglieder, die Redaktion des Pariser Satiremagazins Charlie Hebdo, hinrichten. Die hatten mit ihren Karikaturen den Propheten Mohammed beleidigt. Ich finde auch, dass diese Karikaturen eine Frechheit waren. Die waren viel zu harmlos. Mohammed – als ob der je harmlos gewesen wäre, dieser olle Mörder und Kinderschänder.

Wie lange es dauert, bis Deutschland den Anschluss an Dich findet, kann ich Dir leider nicht beantworten. Die Linken sind aber, im Rahmen ihrer Möglichkeiten, bemüht. Es gibt nämlich einige Spinner bei uns, die haben einen langen Namen, bei dem man sich die Zunge bricht. Im Gegensatz zu Dir. Dein Name spricht sich einfach aus, aber deren: Patriotische Europäer gegen die Islamisierung des Abendlandes (Pegida). Leute, die sich so lange Namen geben, die können nicht klar sein im Kopf. Klar im Kopf ist dagegen das deutsche Satiremagazin Titanic. Die haben dem Gründer der Pegida, Lutz Bachmann, vorgeworfen, der geistige Urheber der Tat an dem Khaled B. zu sein. Gut, das war er dann doch nicht; wenn man es aber oft genug sagt, glaubt er es vielleicht! Außerdem muss der Bachmann schuld sein, sonst müsste man ja über Dich, lieber IS, reden. Und das wollen wir auf keinen Fall. Dabei käme vielleicht auch zur Sprache, was Du mit den Linken treiben wirst, wenn Du in Deutschland die Macht hast. Die Linken sollen ruhig glauben, dass sie, mit Deiner Hilfe, Deutschland zerstören können. Eine neue DDR wollen die und ein Kalifat willst Du. Sie denken, wenn sie zu Dir nett sind, lässt Du sie später in Ruhe ihren Sozialismus aufbauen. Aber seien wir ehrlich: Wenn die Linken ihre DDR wiederhaben, landest auch Du im Gefängnis. Religion ist, laut Marx, Opium des Volkes. Und wenn die Kommunisten eins nicht wollen, dann ist das Opium in Form von Religion.

Das Opium linker Ideen ist ihnen aber willkommen. Der Lutz Bachmann nennt`s "Gehirnwäsche" und "Zensur", aber das ist ein Nazi, auch wenn er keiner ist. Das zeigt nur, wie heimtückisch der ist. Am Schlimmsten sind Nazis, die keine sind. Die muss man erst dazu machen. Ich bin mir sicher, die Linken schaffen das und wenn nicht, haben wir hoffentlich ein Kalifat und da ist für beide Schluss, für Bachmann und die Linken. Vielleicht ist es nicht schlecht, dass sich die Linken so mit der Pegida beschäftigen. So stellen sie wenigsten keine Dummheiten an. Etwa, indem sie sich daran erinnern, was Marx über Religion gesagt hat. Lass die nur reden. Du aber, liebes IS, verbreite die Grenzen Deines Gebietes. Deine Methoden helfen Dir sicher. Auch wenn sie aus dem Mittelalter stammen. Oder vielleicht deshalb!

Ich hoffe, Du bekommst noch mehr Unterstützer in Deutschland, aber versprechen kann ich es Dir nicht. Aber das klappt schon – irgendwie!

In freudiger Erwartung Deiner Herrschaft!

Dein

Wolfgang Luley

Keine Eurokrise, sondern eine Eurokatastrophe

Vorstand der LibVer kommentiert den Ausgang der griechischen Wahlen

Berlin, 26. Januar 2015 – „Griechenland sollte über seine Zukunft selbst entscheiden dürfen", so kommentiert Franz Niggemann, Vorstandsvorsitzender der liberalen Vereinigung e.V., den deutlichen Wahlsieg des Syriza-Bündnisses. Dieser sei auch eine herbe Niederlage für Jean-Claude Juncker, Wolfgang Schäuble und alle übrigen Euroapologeten. Niggemann erwartet nun den nächsten Schuldenschnitt, der allerdings bei einem Verbleib Griechenlands in der Eurozone nutzlos sein wird. „Nur ohne den Euro kann Griechenland wirtschaftlich wieder auf die Füße kommen. Die Abwertung der eigenen Währung schafft die Voraussetzung, wieder wettbewerbsfähig zu werden." Wer Griechenland mehr Geld leiht, rette es nicht, konstatiert Niggemann und stellt abschließend fest: „Die Politik redet von einer Euro-Krise, Euro-Katastrophe wäre jedoch der treffendere Ausdruck."

Vorstandskollegin Susanne Kablitz kann dem Ausgang der griechischen Wahl auch etwas Gutes abgewinnen: „Eventuell ist die Entscheidung tatsächlich gut für Europa. Schließlich rückt so das Ende der Eurozone schneller heran. Je früher dieses ebenso einmalige wie fatale Gesellschaftsexperiment endet, desto schneller können die Menschen den Wiederaufbau der ruinierten europäischen Volkswirtschaften angehen." Den zynischen Äußerungen Alexis Tsipras, der von einer „Erleichterung für Europa" sprach, als auch Mario Draghis, der erklärt hatte, die Überschwemmung der Märkte mit 1,1 Billionen Euro sei „gut für die Menschen", begegnet Kablitz mit Zuversicht: „Angesichts der verheerenden Konsequenzen der Geldschwemme, werden die Menschen vielleicht doch noch begreifen, was angebliche Wohltäter wie Draghi oder Tsipras ihnen tatsächlich antun."

Wolfgang Baumbast, ebenfalls Vorstandsmitglied der Liberalen Vereinigung e. V., fürchtet, dass Syriza auf das „bewährte" Programm der Vorgängerregierungen zurückgreifen wird: „Syriza wird massiv die Stellen im öffentlichen Dienst ausbauen und so die Arbeitslosenzahlen reduzieren. Ein solches Sozialhilfeprogramm ist aber aus dem griechischen Steueraufkommen heraus nicht zu finanzieren. Es wird also über neuerliche Kredite finanziert werden müssen. Dies zuzulassen, wäre nicht nur ein Hohn gegenüber jedem deutschen Hartz-IV-Empfänger, sondern auch gegenüber dem völlig ausgedünnten öffentlichen Dienst. Während hierzulande Polizeidienststellen nicht mehr wissen, wie sie ihre Aufgaben erfüllen sollen, würde der öffentliche Dienst in Griechenland dann mit deutschen Steuergeldern und Kreditgarantien gemästet."

Aphorismen und Gedanken

VON WOLFGANG LULEY

Motto der Presse: Du sollst
nicht lügen, ist unsere
Tugend.
(Es braucht auch schlechte
Beispiele!)

Einer ist regelmäßig unter
Menschen, in seinen
Geschichten.

Die Arbeit des
Sensenmanns ist monoton.
Ich tausche gern!

Gewalt ist blind. Am Ende
trifft sie immer die
Richtigen.

Er wird alt, er bekommt eine
Glatze -
auf den Zähnen.

Ach Michel, mein Michel

von Hagen Ernst
mit Textzeilen von Otto Reutter

Ach Michel, mein Michel,
wie tust du mir leid,☐
keine Wolle am Strumpf,☐☐☐
keine Faser am Kleid.☐☐☐
Aus Holz sind die Schuh',☐☐☐
aus Papier ist dein Latz -☐☐☐
du bestehst ja aus lauter Ersatz. ....

sang einst Otto Reutter vor über 100 Jahren,
er konnte wohl uns're Zukunft erahnen,
Und wir können noch heute ein Lied davon singen,
denn heute ist - wie einst es war - in allen Dingen

Die Bundesrepublik sieht sich als reich,
auch ohne Öl und ohne Scheich,
dass sie Millionen und Milliarden verschenkt,
während an den Tafeln das Volk sich gedrängt

Die Bonzen kauten, sauten unverdrossen,
Umweltschutzer fahren Nobelkarossen
mit Kreditlast auf Arbeiter und deren Kinder
die Politik fordert, wir brauchen mehr Inder

Ach Michel, mein Michel,
wie tust du mir leid,☐
keine Wolle am Strumpf,☐☐☐
keine Faser am Kleid.☐☐☐
Aus Holz sind die Schuh',☐☐☐
aus Papier ist dein Latz -☐☐☐
du bestehst ja aus lauter Ersatz. ....

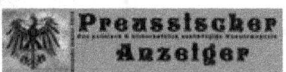

Preussischer Anzeiger

Das Volk wird nicht gefragt
das Volk sich keine Meinung wagt
und wenn, ja wenn, denn doch
kraucht es raus, aus seinem Loch

www.preussischer-anzeiger.de

Dann ist es Nazi und sonst ein Schwein
dann kommt es nirgends mehr rein
Dann ist es böse und gemein
So, du Volk, so will doch keiner sein!

Erschaffe deine Welt
- mit fremdem Geld

9 Betrügereien zur Weltherrschaft

Hagen Ernst

Ein kleiner Nachruf

VON CHRISTIAN SCHWOCHERT

Am 20. Januar 2015 starb jemand den die "Welt" als einen Patrioten mit Hang zur Monarchie bezeichnete:

Georg Lohmeier

Der deutsche Schriftsteller, Dramatiker, Regisseur und Schauspieler dürfte besonders den älteren Lesern noch ein Begriff sein, denn er begeisterte bis zum Beginn der 70er Jahre Millionen Fernsehzuschauer mit von ihm verfassten Fernsehserie "Königlich Bayerisches Amtsgericht".

Auch ich habe vor ein paar Jahren ein paar Folgen dieser Serie als Wiederholung im Fernsehen gesehen und sie hat mir damals sehr gut gefallen.

Lohmeier, der ein guter Freund von Papst Benedikt XVI war, sagte einmal:

„Die Heimat seufzt nach einem schönen König – nicht, weil wir unbedingt einen brauchen, sondern weil es schöner wär!"

Ähnlich nostalgisch ist auch seine Fernsehserie gewesen, in der es, wenn ich mich recht erinnere, im Vorspann heißt:

"Das Bier war noch dunkel, die Menschen war'n typisch, die Burschen schneidig,... Es war halt noch vieles in Ordnung damals."

Für seine Arbeiten erhielt der in Loh bei Dorfen aufgewachsene Lohmeier, unter anderen den Valentin-Orden und den bayerischen Verdienstorden.

Die Auszeichnungen füllen einen mannshohen Schrank in seiner Münchner Wohnung.

Er hat auch zahlreiche Bücher geschrieben, unter anderem "Auf den Spuren der Väter: Gschichtn aus der bayerischen Geschichte.",

"Königlich Bayerisches Amtsgericht: alle Verhandlungen in einem Band."

und

"G'schichten aus der Geschichte. Bayern von der Steinzeit zu Stoiber"

um nur drei seiner Werke zu nennen.

Lohmeier war außerdem Gründer des Bundes bayerischer Patrioten und trat regelmäßig als Redner beim Patriotentreffen in Gammelsdorf auf. Durch seine Initiative wurden in Bayern König-Ludwig-Vereine gegründet und bis heute gepflegt. Allerdings erkannte Lohmeier auch die vorläufige Undurchführbarkeit einer Rückkehr zur Monarchie, und so ernannte er 1995 kurzerhand Edmund Stoiber zum „Ersatzkönig".

Ob das so eine gute Wahl war, mag fraglich sein, aber das tut Herrn Lohmeiers Leistungen keinen Abbruch.

Nun, ich hoffe jedenfalls dass Georg Lohmeier jetzt beim lieben Gott im Himmel glücklich ist; vereint mit seinen bayrischen Vorfahren, die ihm immer sehr am Herzen lagen.

Waldorfschule:
Angst vor Unterwanderung

VON JÖRN GRONEMANN

„Rechte" unterwandern alles. Demonstrationen, Vereine, Feuerwehren, Universitäten, Büchereien. Sogar Kindergärten. Jedoch jetzt, wo die kleinen aus dem Kindergarten heraus in das Schulalter gekommen sind, schlägt sogar die Waldorfschule Alarm. Sie wird bald angeblich von „rechten" Kindern unterwandert. Was passiert dann? Wird dann nicht mehr der eigene Name getanzt? Fällt das Klatschen bald aus, weil der rechte Arm immer zur Sonne zeigt? Laut Spiegel Online hat diese Unterwanderung bereits begonnen:

>> Der Bund der Freien Waldorfschulen warnt seine Mitglieder vor einer Vereinnahmung durch die rechtsradikale Reichsbürger-Bewegung. Das geht aus einer neuen Broschüre hervor, die der Waldorf-Vorstand laut Informationen des SPIEGEL bei der Delegiertentagung in Düsseldorf an diesem Wochenende verteilen lässt.

Die Broschüre hat eine Startauflage von 3000 Stück und soll im Unterricht verwendet werden. Bei den Reichsbürgern gingen "Esoterische Vorstellungen und Rechtsradikalismus Hand in Hand", heißt es in dem Informationsheft. Sie zielten verstärkt auf "anthroposophisch inspirierte Initiativen in der Landwirtschaft, Medizin und Pädagogik".

...
Im Sommer war der Geschäftsführer einer Waldorfschule in Rendsburg entlassen worden, weil er Kontakte zu den Reichsbürgern hatte.
...
Jüngst sorgte die Strömung für Aufsehen, als der Sänger Xavier Naidoo bei einer ihrer Veranstaltungen auftrat.<<

Da kann man nur froh sein, dass nicht auch von der „linken" Seite alles unterwandert wird...

Wenn der Bürger aufsteht

VON HAGEN ERNST

Sven Liebich ist in Halle an der Saale kein unbekannter. Zu unbequem ist er, als das man ihn politisch eindeutig einordnen könnte. Immer wieder, meist überraschend tritt er auf und irritiert. Irritiert Mitbürger und regionale Medien.

Mal ist er für die Medien ganz weit rechts, wenn er die örtliche linke Antifa karikatiert. „Halle Spektrum formuliert dies so:

„BEI DER MONTAGSDEMO PERSIFLIERT ER AM RANDE LINKE GEGENDEMONSTRANTEN MIT SEINEM PLAKAT "LINKZJUGENT". BEI EINEM AUFTRITT DES EHEMALIGEN DDR-MINISTERPRÄSIDENT HANS MODROW IN DER ULRICHSKIRCHE TAUCHTE ER MIT EINEM "DIE STASI"-T-SHIRT AUF (ANGELEHNT AN DAS LOGO DER SED-NACHFOLGE-PARTEI "DIE LINKE") UND BEI EINEM BESUCH DES BUNDESPRÄSIDENTEN JOACHIM GAUCK WAR LIEBICH MIT EINEM "IM LARVE"-SCHILD ZUGEGEN, UM AUF GAUCKS ANGEBLICHE STASI-TÄTIGKEIT HINZUWEISEN."

Doch der „Provokateur" gibt nicht auf und schafft es derweil in die überregionale Presse, als er Steinbrück und SPD-Genossen bei einer Selbstbeweihräucherungsrunde stört :

„SOUVERÄN BÜGELT STEINBRÜCK EINEN WÜTENDEN STÖRER AB, DER DURCH EIN MITGEBRACHTES MIKROPHON DEN REFERENTEN MIT BELEIDIGENDEN, AKUSTISCH UNVERSTÄNDLICHEN PAROLEN ZU PROVOZIEREN SUCHT. „DA HABEN SIE WOHL PECH – DIE LEUTE IM SAAL UND ICH HABEN SIE NICHT

VERSTANDEN", RUFT STEINBRÜCK DEM MANN, DER VON ORDNERN AUS DEM SAAL GEFÜHRT WIRD, HINTERHER. DAS PUBLIKUM QUITTIERT DAS GANZE MIT BEIFALL – WENIG SPÄTER BEFASST SICH DIE POLIZEI MIT DEM STADTBEKANNTEN PROVOKATEUR" schreibt die MZ. Wobei nicht alles der Wahrheit entspricht. Auf www.preussischer-anzeiger.de sind die jeweiligen Videos zu sehen. Er wurde sehr wohl gehört, wenn auch nicht erhört. Und Liebich schreibt selbst, dass die Polizei wohl zu spät kam, um sich mit ihm zu befassen. Als „stadtbekannter Provokateur" aber sollte die Polizei die Anschrift des politisch interessierten Mannes eigentlich wissen. Doch das ist längst nicht das

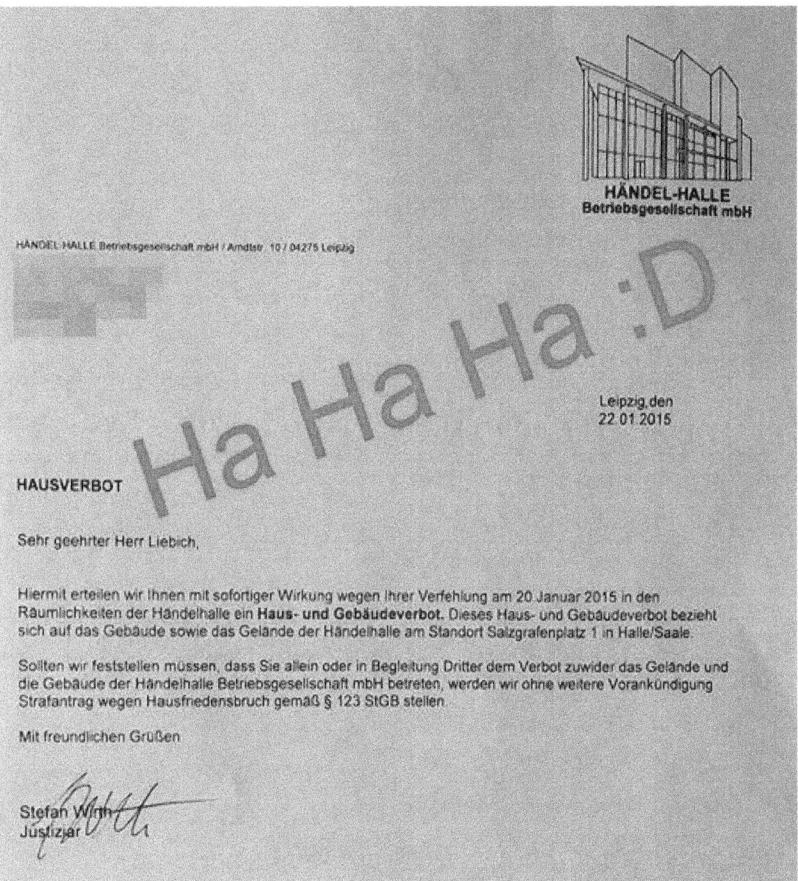

HÄNDEL-HALLE
Betriebsgesellschaft mbH

HÄNDEL-HALLE Betriebsgesellschaft mbH / Arndtstr. 10 / 04275 Leipzig

Leipzig, den
22.01.2015

HAUSVERBOT

Sehr geehrter Herr Liebich,

Hiermit erteilen wir Ihnen mit sofortiger Wirkung wegen Ihrer Verfehlung am 20.Januar 2015 in den Räumlichkeiten der Händelhalle ein **Haus- und Gebäudeverbot**. Dieses Haus- und Gebäudeverbot bezieht sich auf das Gebäude sowie das Gelände der Händelhalle am Standort Salzgrafenplatz 1 in Halle/Saale.

Sollten wir feststellen müssen, dass Sie allein oder in Begleitung Dritter dem Verbot zuwider das Gelände und die Gebäude der Händelhalle Betriebsgesellschaft mbH betreten, werden wir ohne weitere Vorankündigung Strafantrag wegen Hausfriedensbruch gemäß § 123 StGB stellen.

Mit freundlichen Grüßen

Stefan Wirth
Justiziar

"WEGEN IHRER VERFEHLUNG [...] EIN HAUS- UND GEBÄUDEVERBOT"

Ende. Das Haus, in dem Liebich die politmüden SPD-wählte-ich-schon-immer schläfrigen störte, sendete ihm nun eine Überraschung zu. Hausverbot!

Hausverbot in der „Händel Halle".

Nun könnte man meinen, das sei berechtigt. Wer würde sich schon in seiner Familienfeier einfach so stören lassen. Einen Beigeschmack findet sich aber, wenn man auf der Seite der Händel Halle, www.haendel-halle.de, den Betreiber anschaut:

„Die HÄNDEL HALLE BETRIEBSGESELLSCHAFT mbH WURDE IM APRIL 2013 DURCH DIE HALLESCHEN UNTERNEHMER MATTHIAS WINKLER UND ULF HERDEN GEGRÜNDET. DIE GESELLSCHAFT BETREIBT DIE GEORG-FRIEDRICH-HÄNDEL HALLE IM AUFTRAG DER STADT HALLE BIS ZUM JAHR 2023. DIE GESELLSCHAFT HAT IHREN SITZ IN LEIPZIG."

Man sitzt also in Leipzig und führt die Veranstaltungshalle im Auftrage der Saalestadt ...

Man darf sich allerdings auch sicher sein, dass der Unternehmer und Provakteur von dieser Maßnahme nicht stören lässt, um weiterhin seine Hallenser Mitbürger zu wecken. Das Aufstehen müssen sie dann allerdings selbst übernehmen!

Keine Ferienwohnungen für Flüchtlinge

VON JÖRN GRONEMANN

Urlaub in einer Ferienwohnung, alles inklusive. Wer träumt da nicht von? Wenn es nach der Friedrichshain-Kreuzbergs Bezirksbürgermeisterin Monika Herrmann geht, würde dieses bald vielen „Gästen" ermöglicht werden. Auf Staatskosten. Ferienwohnungen sollen nach einem Bericht des Tagesspiegels zu Flüchtlingsheimen werden, durch Enteignung wie in DDR-Zeiten:

Einen Termin bei Bausenator Andreas Geisel (SPD) hat Friedrichshain-Kreuzbergs Bezirksbürgermeisterin Monika Herrmann (Grüne) noch nicht. Vorsprechen will sie aber auf jeden Fall, um ihm ihren Vorschlag zur Unterbringung der Flüchtlinge in Ferienwohnungen zu unterbreiten. „Ich mach' gerne die Vorreiterin", sagt Hermann, nachdem sie die Idee am Donnerstag bereits im Rat der Bürgermeister den Rathauschefs der anderen Bezirke unterbreitet hatte.

Zum Glück ist dies nur rot-grünes Wunschdenken. Laut Justizsenator Thomas Heilmann (CDU) sehe das Gesetz Beschlagnahmungen aus gutem Grund nur für ganz besondere Ausnahmefälle vor, der Vorschlag sei nicht zu Ende gedacht.

Die Linken linken sich selbst!

VON HAGEN ERNST

Die konservativen und rechten Mitbürger sind der Meinung, wir hätten eine linke Übermacht. Doch wo ist diese? Ich kann nichts linkes mehr entdecken. Vielmehr fördern die linken Kräfte dieser Republik den puren Imperialismus.

Die Linken, gefördert von Staat, Parteien und Gewerkschaften tritt für Anti-Linke Thesen ein und lässt dafür sogar ihre Antifa-Soldaten aufmarschieren. Jene Armee der Freiwilligen, die an gewisse Sturmabteilungen erinnern, die sich gegen konservative und kommunistische Strömungen und Stimmen wandten. Jene also, die in den 1930er Jahren in Braunhemden andersdenkende Mitmenschen mit Stöcken, Messern und Pistolen "überzeugten". Jene also, die die Meinungsfreiheit kanalisierten, vor Gewalt und Totschlag nicht zurückschreckten. Es ist jene Gewalt gegen das System, dass sich jährlich zum 1. Mai entlädt, aber auch bei Bürgerbewegungen, wie PEGIDA, LEGIDA, HoGeSa und dergleichen, sich von linker Seite an friedlich demonstrierende Bürger herangetragen, herangeworfen oder -geschlagen wird. Es ist jene Bedrohung gegen einzelne Menschen und ihre Familien. Es sind die Freiheitsberaubungen, die sie im Schutz der Gemeinschaft durchführen, um den Andersdenkenden vom Umfeld, sogar von der Lebensgrundlage; wie Arbeit und Beruf; zu trennen. Sie sind keine Marxisten, Leninisten oder gar Thälmanns mehr – auch wenn jene der Gewalt ebenso zuzwinkerten. Allerdings im Willen einer internationalen Revolution.

Von dieser sind wir und die linken Desinformierten weit entfernt. Statt sich um die unterdrückte Klasse, gemeinhin die Arbeiter zu kümmern, tritt der linke Gutmensch auf, um Asylbetrüger und Nichtdeutsche zu retten. Dabei vergisst er gern, dass jene Mehrkosten, um Asylbetrüger in der BRD durchzufüttern, um diese Betrüger mit Anwälten und Gerichtsentscheiden ein längeres Wohlfinden in der Republik zu ermöglichen, auf den Steuerzahler umgelegt werden. Dieser Steuerzahler ist es, der auch den, vermeintlich rechtlich möglichen, Rücktransport zahlen würde. Durch diese zusätzlichen Ausgaben muss der Steuereintreiber andernorts einsparen und die Steuern erheben. Waren doch die Linken schon gegen das mittelalterliche Zehntel, sahen dies als Frohn; so bejubeln sie heute die 30 bis 50 prozentige Steuerlast. Sie bejubeln mit jedem Betrüger, der in Deutschland bleiben darf, dass das soziale Netz weiter aufreist. Denn gespart wird nicht an Regierung und Ämtern. Gespart wird an der Bildung, an der Infrastruktur und an dem sozialem Auffangnetz. Gerade letzteres zeigt sich an den Themen Altersarmut und Hartz IV. (Lesen Sie dazu im Preußischen Anzeiger - Ausg. Januar 2015 ausführliche Beiträge und Berichte)

Sollten nicht die Linken dagegen sein, dass Arbeiter

bis ins hohe Alter ausgelaugt werden, um dann die Rente in Armut zu er-; besser zu überleben?

Mitnichten, der deutsche Linke sieht sich auch hier in der Pflicht, jenen Unmut zu unterbinden. Er stellt sich sogar auf die Seite der Kriegstreiber. Einst war es das linke alternative Spektrum dem Pazifismus vorgeworfen wurde, da man jedes NATO- und UN-Mandat ablehnte. Hieß es doch: "Keine deutsche Mutter mehr ihren Sohn beweint", so fordert man heute wieder eine Bomberflotte über Dresden. Auch war man sich nicht sicher, ob man dieser Tage eher zur NATO oder zu Putins Russland halten sollte. Indoktrinierte doch die eigene Presse vom homophoben Russland. Das darf nicht sein – ein Land das homosexuelle Ergüsse nicht als positiv und fördernd einstuft,

kann nur schlecht sein. Es sei …

Es sei denn, das ist aus religiösen Gründen. Dann macht man da gerne mit und verhüllt die eigene Frau in die Burka. Denn nur dies ist Freiheit. Irgendwie. Theoretisch. Also, fast praktisch. Für die Welt der Gutmenschen. War es nicht der alte Marx, der, bereits 1843, meinte Religion sei "Opium des Volkes"? Gut 170 Jahre später befreit sich der linksdrehende Gutmensch davon und fordert Moscheen für alle. Dabei war es doch der erste Kaiser von Deutschland, der Moscheen erlaubte, und sie sogar teilweise fördern lies. Doch jener Zusammenhang stört den Linken von heute nicht, auch nicht, dass jene vorgenannten Neuankömmlinge Deutschlands zumeist junge Männer sind. Junge Männer, die viel Geld dafür bezahlten, um nach Europa zu kommen. Junge Männer, die ihre Familien, Frau und Kinder zu hause liessen. Im Kriegsgebiet. In Dörfern, in denen nach Medienmeldungen gefoltert und vergewaltigt wird. Zurückgelassen an jenen Orten, in denen vor laufender Kamera johlend geköpft wird. Jene junge Männer also, die sich und ihre Familie vielleicht hätten verteidigen können. Junge Männer, die dringend für den dortigen Wiederaufbau benötigt werden, entdecken hier ihr Schlaraffenland. Das Land, in dem sie ihre Gewalteindrücke weiterleben und mit Unterstützung der Linken Schulen, Altersheime und Ämter besetzen und – zumindest teilweise – zerstören können. Das Land, was ihnen vieles ermöglicht; sei es auch noch so andersartig, als die Einflüsse des alten Europas.

Hier steht die Antifa Spalier und vergisst jene armen Menschen auf den Strassen von Berlin, Köln, Dresden oder Hamburg. Vergisst die frierenden Familien, denen das Geld fehlt um Heizung und Licht einzuschalten.

Die Linke stellt sich gern als Gegner und späteres Opfer dar. So ist man No-PEGIDA. Dabei war man noch vor wenigen Jahren gegen den amerikanischen Einfluss in Mitteleuropa. Man stellte sich gegen die Globalisierung, der man heute fleissig hinterherläuft, wie ein Rüde einer läufigen Hündin. Man erfreut sich am Hasch der Welten, an den Drogen des Überallfernsehens und Internetportalen wie Facebook.

Man war auch gegen die "Lügenpresse" – Damals, Ende der 1960er Jahre, störte man sich auch nicht daran, dass das Wort aus dem 19. Jahrhundert stammte und später auch von Nationalsozialisten im Wahlkampf gebraucht wurde. Erst 2015 erinnert man sich an dieses Wort, da es Bürger rufen, die unzufrieden sind. Aber das darf nicht sein. Immerhin nutzten das auch die Nazis. Das reicht als Begründung zum Unwort. Nein, die Linke von heute liest BILD. Jenes Blatt das Meinung macht, gegen das man einst war: Immerhin waren es Linke, die Steine gegen die Immobilien des Axel Springer Verlages warfen. Heute läuft man im Gleichschritt und vermeldet die BILD als Quelle, wie bei Lutz Bachmanns Foto, mit kurzem Bart und frisch gekämmten Scheitel. Dabei sagt der Fotografierte, das dies ein Spass-Foto sei. Das gilt natürlich nicht. Das linke Denken dabei: Über den österreichischen Obergefreiten macht man sich nicht lustig!

Wer schluckt denn da? Höchstens Nazis. Nazis, so die linke Überzeugung, sind überall. Wer rechnen kann, der ist sich gewiss, dass die letzten Nazis um die 90 Jahre alt sein müssen. Das stört zwar Simon Wiesenthal oder das Simon Wiesenthal Zentrum nicht, das auch alte und kranke Menschen vor Gerichte zerrt. Das humane Denken, das man Linken unterstellt, könnte jedoch ein Stirnrunzeln bekommen. Gewiss aber nicht bei linken "Nazis raus!"-Schreiern, die jedem anhängen wollen, man sei Mitglied der NSDAP. Die

Chronologie der Geschichte geht zwar, dank des Verbotes der NSDAP, nicht auf; aber für solche Kleinigkeiten hat das linke Bürgertum keine Zeit. Denn die benötigt man, um an den Lippen der politischen Macht zu hängen.

So hat sich der linke Pöbel zur Armee des Imperialismus entwickelt und kämpft für Aktien, Vorstände und Regierungen. Nur der politisch konservativ eingestellte Mensch, denkt noch ab und zu, an die anderen Zeiten. Jene Tage, in der Deutsche Deutschen halfen, in denen Unternehmer für ihre Angestellten – und damit für sich und ihre Familien sorgten. Zeiten, in denen man noch Deutsch sein wurde und die eigene Fahne geehrt wurde. Zeiten, in denen man sich freuen durfte, wenn man auf dem Globus Fußball Weltmeister wurde. In Zeiten also, in denen sich der Staat zurücknahm und trotzdem den Armen half. Zeiten, in denen der Staat Strassen baute, Telefon verlegte und das Wasser nicht an Konzerne verschenkte. Zeiten, in denen man friedlich mit den Nachbarn, zu hause und auf der Welt leben konnte. Ohne Hasstriaden. Zeiten, in den Ostermärsche für den Frieden die Welt für Sekunden vereinte – in Ost und West, in Nord und Süd. Zeiten, in den der Linke noch links war, der konservative konservativ, der liberale liberal – die einen national, die anderen international eingestellt und der Nazi fern von jeder demokratischen Entscheidung war.

Der ehemalige Richter des Bundesverfassungsgerichts Ernst Träger ist verstorben

Der ehemalige Richter des Bundesverfassungsgerichts Ernst Träger ist am 25. Januar 2015 im Alter von 88 Jahren verstorben.

Ernst Träger wurde am 29. Januar 1926 in Künzelsau (Baden-Württemberg) geboren. Im Jahr 1954 trat er in den Justizdienst des Landes Baden-Württemberg ein und begann seine juristische Laufbahn als Zivil- und Strafrichter am Amtsgericht Bad Säckingen sowie am Landgericht Waldshut.

Ab 1958 folgte eine mehrjährige Abordnung an die Bundesanwaltschaft, bevor er im Jahr 1963 in den richterlichen Dienst zunächst am Landgericht und später am Oberlandesgericht Karlsruhe zurückkehrte. In den Jahren 1965 bis 1968 war Ernst Träger wissenschaftlicher Mitarbeiter im Bundesverfassungsgericht. Anschließend war er bei der Bundesanwaltschaft tätig, wo er 1972 zum Bundesanwalt ernannt wurde. Im Jahr 1976 erfolgte seine Ernennung zum Richter am Bundesgerichtshof.

Am 14. Oktober 1977 wurde Ernst Träger zum Richter des Bundesverfassungsgerichts gewählt. Dem Zweiten Senat des Bundesverfassungsgerichts gehörte er vom 2. November 1977 bis zum 28. November 1989 an. Als Berichterstatter bereitete er eine Reihe von bedeutenden Senatsentscheidungen vor, unter anderem im Staatskirchenrecht, im Beamtenrecht, im

Strafrecht und im Strafverfahrensrecht.

In Anerkennung seiner besonderen Verdienste wurde ihm 1989 das Große Verdienstkreuz mit Stern und Schulterband des Verdienst-ordens der Bundesrepublik Deutschland verliehen. Papst Johannes Paul II. verlieh ihm 1990 das Komturkreuz mit Stern des Gregoriusordens.

Zuletzt lebte Ernst Träger in Waldbronn bei Karlsruhe.

BILD:
GROßES VERDIENST-
KREUZ MIT STERN

C.P. HERMELING -
C.P. HERMELING

CC BY-SA 3.0

Unser neues Projekt braucht Ihre Unterstützung:

Den PA in 500 Briefkästen.

Diese Aktion wird uns etwa 1500 Euro kosten -
helfen Sie mit, damit wir handeln können!

Jeder Cent zählt - auch Ihrer.

Impressum:

Preußischer Anzeiger
Herausgeber und Rechteinhaber:
Hagen Ernst
Am Rotdorn 2D 21354 Bleckede
V.i.S.d.P: Hagen Ernst
Onlinekontakt:
preussischeranzeiger(ät)gmail.com
Telefon: +49 157.56.21.02.88

Für die Kommentare und Beiträge
zeichnen die Verfasser verantwortlich.
Für die Inhalte fremder Seiten, sowie
Verweise zeichnen die Betreiber der
Drittseiten bzw. der Inhaber
verantwortlich. verwendete (genannte)
Marken auf diesen Seiten, bleiben bei
den Markeninhabern. Ich habe
keine Rechte daran.
Für Abmahner gilt: Bitte nehmen Sie
zuerst mit mir Kontakt auf, um die
Inhalte mit Ihnen abzugleichen.
Bitte beachten Sie das komplette
Impressum unter
http://www.preussischer-
anzeiger.de/impressum/
Beiträge, Leserbriefe können
teilweise nur verkürzt
wiedergegeben werden!
Unverlangte Manuskripte werden
nicht zurückgesendet.
Der Preis der jeweiligen Ausgabe
richtet sich nach dem Seitenumfang.
Ein Abo der Druckausgabe ist nicht
möglich! Die nächste Ausgabe
erscheint März 2015!

"Sind Sie ein Lügner?"

Ein Gespräch zwischen Wolfgang Luley und Hagen Ernst
in meheren Teilen (Teil 2)

Ich sitze im Gespräch mit Hagen Ernst, dem Herausgeber des Preußischen Anzeigers, einem Magazin, das zum großen Teil über Politik und Gesellschaft berichtet. Wir haben uns zu einem schriftlichen Interview verabredet, das wir per Chat, im sozialen Netzwerk Facebook, führen.

Diesmal geht es mir um das Wort Lügenpresse und wie ein freier Publizist mit diesem Vorwurf umgeht:

Sind Sie, Herr Ernst, ein Lügner?

Bestimmt. Jeder Mensch ist ein Lügner, haben Sie noch nie eine Notlüge gebraucht? Aber ich denke, worauf Sie hinaus wollen, ist das Thema: Lügenpresse.

Sehr richtig. Die Sprachkritische Aktion, um die Sprachwissenschaftlerin Janich, wählte das Wort „Lügenpresse" zum Unwort des Jahres 2014. Lassen Sie uns ein wenig darüber reden. Halten Sie es für gut und wünschenswert, dass bestimmte Ausdrücke zu Tabu-Ausdrücken erklärt werden?

Nein. Obwohl ich manche Ausdrücke nicht lesen möchte, wie "Ficken". Daher habe ich auch ein Problem mit Texten des Sachbuchautors Akif Pirinçci. Aber ich muss ihn nicht lesen. Und er ist deshalb kein Tabu. Genauso wenig mag ich Werbung, die mehr englischsprachige Mitbürger in Deutschland ansprechen soll, als mich. Eben jene, die mit "Sale" und dergleichen werben. Doch ich muss bei diesen nicht einkaufen. Ich denke, der mündige Bürger kann, und sollte selbst entscheiden, was für ihn lesbar ist, was nicht. Tabus sind daher eine persönliche Entscheidung.

Da liefern Sie mir ein gutes Stichwort: „persönliche Entscheidung!" Mir fällt auf, dass Sie aber als Leser argumentieren. Als Journalist hat man weniger Freiraum. Ich denke dabei an die Handbücher, die man von Zeitungen bekommt und in denen Begriffe und Wendungen stehen, an die man sich als Journalist zu halten hat. Wie steht der Preußische Anzeiger zu diesem Thema?

Der Journalist hat doch ebenso die freie Wahl. Will er sich, zum Beispiel, das enge geopolitische Korsett des Axel Springer Verlages anziehen, oder aus linker, marxistischer Sicht, wie bei der „junge Welt" schreiben? Oder möchte er lieber "neurechts und mittig" schreiben, dann muss er sich bei der "Jungen Freiheit" bewerben.

Der Preussische Anzeiger gibt keine Vorgaben, die zusätzlich zu den bestehenden Gesetzen, die journalistische Freiheit einengen. Warum sollte man auch. Der PA gilt als alternatives Medium und hat, so glaube ich, deshalb Erfolg, weil unterschiedliche Meinungen dargestellt werden und somit der Leser auch andere Standpunkte

kennenlernt

Das klingt nach Vielfalt und Toleranz. Wie können Sie da eine Solidaritätserklärung für den Gründer der Pegida, Lutz Bachmann, unterschreiben! Das beißt sich doch – oder?

Wo beißt sich das? Wer für Demokratie ist, für Menschenrechte - aber gegen Gewalt - kann doch diese Erklärung nur unterschreiben. Von der wir im Übrigen wissen, dass der gewünschte Empfänger sie wahrnahm. Ich verstehe nicht wirklich, was daran falsch gewesen sein könnte. Weil er vorbestraft ist? Wie viele vorbestrafte Politiker sitzen derzeit im Bundestag ...? Viel schlimmer finde ich, dass es Wesen gibt, ich möchte sie nicht Menschen nennen, die Bachmann umbringen wollen. Kein Mensch hat das Recht jemanden umzubringen. Da diese Wesen der Meinung sind, dies zu unternehmen, ja, dies zu fordern, einen Mord zu unterstützen, diesen zu rechtfertigen, können es keine Menschen mehr sein. Oder sehen Sie das anders? Immerhin haben auch Sie diese Erklärung unterschrieben.

Ich merke schon, ich muss präziser fragen! Ich rede nicht von der Gewalt der Linksextremen, ich meine deren Forderung nach Toleranz und Vielfalt. Lese ich Medien, wie den Spiegel, so erfahre ich, der Bachmann, bzw. die Pegida, sei ausländerfeindlich und schüre Hass gegen Muslime. Gewalt ist schlecht, das haben Sie eben selbst gesagt. Warum also Solidarität mit Bachmann und der Pegida?

Weil Bachmann mit der PEGIDA ein demokratisches Grundrecht nutzt, ein Grundrecht der

Bundesrepublik. Eine der wichtigen Säulen, auf dem diese, unsere Republik aufgebaut wurde. Wenn Sie nur Spiegel und Co. lesen, frage ich mich, wo diese und der Leser Ausländerhass erkennen. Ich kann auch sagen, der Spiegel, Focus und BILD schüren Ausländerhass, ergo sind die Autoren, Redakteure und Journalisten dieser Gazetten rechtsextrem, um nicht das Vokabular Nazi zu nutzen. Warum? Wie oft titelte man dort gegen Muslime, gegen den ISLAM, gegen andere Völker, Religionen oder Personen, in den letzten sagen wir mal 10 Jahren. Wer unter diesem Aspekt recherchiert, könnte geschockt werden.

Es kommt also immer auf den Leser darauf an, was er versteht, von dem was er liest und erlebt. Im Gegensatz zu mancher Meinungs- und

Staatspresse erlauben die Macher des Preussischen Anzeigers den Leser, selbst zu denken, über den Tellerrand zu blicken. Ja, ich möchte so weit gehen, wir erlauben dies nicht nur, sondern fordern und fördern dieses. Und hier schließt sich ein Bogen zur PEGIDA. Lesen Sie das Forderungspapier vom Verein und der Veranstaltung. Die meisten Thesen könnten direkt vom CDU-Parteitag kommen. Nun sagen Sie mir noch, die CDU verherrliche Gewalt oder Extremismus.

Gut pariert! Spannen wir den Bogen zurück zu Frau Janich. Als Professorin sollte sie das Positionspapier der Pegida gelesen haben. Trotzdem wirft sie der Pegida vor, sie nutze Worte der Nationalsozialisten. Es ist bekannt, dass Hitler und die Nazis von einer „Lügenpresse" geredet haben und damit missliebige Meinungen diffamieren wollten. Also alles nur ein Missverständnis?

Die Nazis sagten auch Autobahn und es ist bestätigt das Hitler selbst- und höchstpersönlich mal "und" gesagt haben soll. Ja, die Nazis haben das Wort, dass 18hunderundirgendwann das erste Mal nachgewiesen benutzt wurde, welches in Zeiten des I. Weltkrieges gedruckt wurde, ebenso in Gebrauch. Die Linken der Bundesrepublik Deutschland nutzten das Wort im Übrigen ebenso, und meinten, wie heute die Bürgerrechtsbewegungen, die BILD im speziellen, aber auch andere Medien, die heute mit Mainstreammedien umschrieben werden. Lügenpresse ist also, wie jedes Wort, erst einmal ein Neutrum. Das Böse und das Gute kommt erst in das Wort, wenn wir es in einen bestimmten

Gedankenkreis implantieren. Es ist eben nicht alles Nazi - auch wenn Behörden es gern wollen. So hat man heute immer noch Probleme beim ABC - Buchstabieren. A wie Anton und Z wie Zylinder? Zacharias?

Wissen Sie, was alles „Nazi" ist? Unsere lateinische Schreibweise. Die Nazis wollten die deutsche Schreibweise, die Fraktur, unterbinden. Die Nazis erschufen Gesetze, an denen wir uns heute noch halten. Die Nazis erschufen die BRD! Die Nazis waren Mitglied von CDU bis SED. Das alles ist Nazismus - aber beim Wort Lügenpresse fällt dies auf? Das ist Manipulation; ausgehend von den Medien; der Volksmassen. Letzteres Wort nutzen die Nazis im Übrigen gern im Rundfunk. Ein Wort, das völlig wertfrei im Duden steht...

Ich denke, wir sollten uns dem Nazikult entledigen. Nichts

anderes ist es nämlich, wenn man Wörter als Naziwörter deklariert. Die letzten Nazis sollten jetzt so um die 90 Jahre alt sein, seit 1945 kann es keine neuen Nazis mehr geben, die NSDAP wurde verboten. Aber nein, stattdessen zeigt man Dokumentationen von Hitler und Nazis nahezu täglich - um eben jenen Kult zu bewahren, der längst Vergangenheit ist. Das Ausland lacht doch über uns. Zumal wir uns sogar des Kolonialismus verantworten. Über 100 Jahre später. Wobei Deutschlands Kolonien kaum geschichtsträchtig sind. Ja, manche Historiker betonen sogar, dass der Kolonialismus Deutschlands eine Art Entwicklungshilfe war, im Gegensatz zur englischen oder französischen Politik. Lesen wir davon etwas in der Presse? Nein - und das ist es eben, auch Halbwahrheiten sind ein Teil der Lüge. Solange also die

Presse nicht politisch und wirtschaftlich unabhängig agiert, ist es eine Lügenpresse, da sie abhängig ist. Und da finden wir schon bei den meisten Blättern die erste Lüge. Wie oft steht dort "unabhängig, überparteilich". Die Österreicher sagen dazu "So'n Schmarrn". Nun fragen Sie sich mal, wer das Wort auch nutzte ...

Sie glauben also in Deutschland gebe es eine Beschwichtigungspolitik gegenüber dem Islam? Warum sollten Medien vor dem Islam knien?

Nein, es gibt keine Beschwichtigungspolitik. Politik setzt ein Handeln voraus. Die deutsche Politik aber sitzt die Probleme aus. Ob Islam oder Ukraine, Russland oder Euro. Eine Regierung sollte reagieren. Der Reichstag jedoch lässt alles

zu, solange es fremden Interessen dient. Zugespitzt könnte man meinen, man diene nicht dem deutschen Volke, sondern sei von anderen beauftragt. Der Wirtschaft, dem Ausland.

Und: nein. Die Medien sollten vor niemanden knien. Sie sollten ihrem Auftrag gerecht werden. Das ist eine umfassende Information. Dazu gehört es eben auch, ins Wespennest zu fassen. Damit meine ich nicht Hoeneß - viel wichtiger wäre doch gewesen, den Leser darüber zu informieren, was dahinter steckt. Damit meine ich nicht ein Fußballspiel, wenn während dessen der Datenschutz ausgehöhlt werden soll, damit meine ich nicht die Deutsch-Amerikanischen Volksfeste, wenn amerikanische Interessen uns die Weltlage und das Leben vermiesen. Genau dies aber macht die Staats- und "Mainstreampresse". Alles was wir in den letzten Jahren wissen, haben wir der alternativen Presse zu verdanken, die genauer hinschaut, weil sie unabhängig tätig ist.

Die Medien in Deutschland knien derzeit auch nicht vor dem Islam, aber vor ihrer selbst auferlegten politischen Korrektheit. Und das ist der Tod der freien Medien - und der Demokratie! Wenn ein Bürger, aber auch ein Journalist, nicht mehr sagen kann, was er denkt, was er meint - und beides entsteht durch Erkenntnisse, Überlegungen und Meinungsfindung - dann ist die demokratische Grundlage am Ende. Wenn man Überzeugungen unterdrückt, nur weil sie parlamentarisch rechts eingeordnet werden würden, dann fehlt ein wichtiger Aspekt der Demokratie. Dann können wir auf jene verzichten. Und auf das

Mandat eine Republik zu sein.

Kommen wir langsam zum Ende. Sie haben den Fall Hoeneß angesprochen. Er hat sich selbst wegen Steuerhinterziehung angezeigt, weil das Land NRW eine Steuer CD gekauft hatte. So wollte er einer Verurteilung vorbeugen. Inwiefern meinen Sie, die Presse hätte im Fall Hoeneß versagt?

Fanden Sie nicht die Berichterstattung fad? Fast täglich wurden es mehr Millionen, die er unterschlagen gehabt haben soll. Fast täglich wurde darüber berichtet - und sogar der Knast ausgesucht. Aber kein Mainstreammedium fragte, was steckt dahinter, warum ist der Fall so schnell verhandelt?

Stimmt. Die Art, wie über Hoeneß berichtet wurde, war

oberflächlich. Oberflächlich ist auch die Art, wie über die Pegida berichtet wird. Kaum ein Bericht, in dem nicht über Toleranz und Vielfalt geschrieben wird. Was aber hat das mit den Problemen zu tun, weswegen die Pegida auf die Straße geht! Was müsste die Presse tun, um wieder kritischer zu werden, bzw. was tut der Anzeiger dafür?

Die Presse ist ein großes Wort. Aber richtig gewählt, denn auch unabhängige Schriften, Rundfunksendungen und Fernsehsender, Blogger, „Youtubler" usw. usf. gehören dazu. Und wissen Sie was: Die Presse muss nichts tun. Am Ende muss der Käufer, der Zuschauer, der Hörer, der Leser entscheiden, wen er unterstützt. Mit Geld, mit Klicks, mit Likes. Hieran wird sich die Presse orientieren müssen.

Das Einzige, worauf die Presse achten sollte, achten muss, dass man sich nicht in Abhängigkeiten begibt. Weder in die der Geldgeber noch die des Gesetzes- und Rahmengebers. Aber auch nicht in die Abhängigkeit der Konsumierer. Sonst verhallt man, wie derzeit RTdeutsch, der nicht das erfüllt, was er versprach. Zwar sendet man aus russischer Sichtweise, aber ob dass das Alternativmedium geworden ist? Nein, weil die Erwartungen der Zuschauer zu hoch waren und viele sich jetzt ent- und getäuscht sehen, da RTdeutsch genauso PEGIDA-misstrauisch ist, wie der deutsche Spiegel. Daran erkennt man, dass sich die Staatspresse umsonst Sorgen vor Putins medialer Waffe gemacht hat. Ja, es war sogar lächerlich. Und genau jene Medien spielten RT so hoch, und deshalb fällt man derzeit.

Dennoch sind Medien wie Spiegel, RT oder selbst die BILD wichtig. Sie spielen uns Pressefreiheit und Medienvielfalt vor, dessen Lücken wir, auch wir als Preussischer Anzeiger, ausnutzen.

Schauen Sie, während sich die Linke, oder besser jene Gesellschaft, die sich selbst als links sieht, davon berichtete, dass rechtsradikale, wenn nicht dann eben rechte, einen Asylbewerber ermordeten, so achteten wir auf die Zwischentöne. Herr Luley, Sie haben den Fall Khaled selbst recherchiert und für das Portal DEMOkratur.eu einen offenen Brief an ihn, das Opfer, geschrieben. Es war ja nun doch kein Rechter - sondern ein Mitbewohner aus jenem Asylbewerberheim. Daran konnten nicht einmal schnell aufgemalte Hakenkreuze etwas ändern. Richtig?

Stimmt. Was mich empörte, war das Verhalten der Linken und der Presse. Für beide war ausgemacht, dass nur die Pegida der geistige Urheber dieses Mordes sein konnte. So sprachen verschiedene Medien auch gleich von Khaled als dem ersten Pegida-Opfer. Presse sollte aufklären und keine Vorurteile schüren. Im Grunde schürt unsere Presse, und auch Frau Janich, eher Vorurteile, als dass sie aufklären? Sollte man Frau Janich und ihre Jury boykottieren?

Nein, die Presse und ihre Ableger waren schon immer heuchlerisch. Und schon immer systemverwoben. Stellen Sie eine Liste der Inhalte und der Ergebnisse der Zeitungen auf, aus dem Kaiserreich, der Nazizeit, der BRD und der DDR. Sie werden feststellen, dass es nie eine unabhängige Presse gab und sie schon immer Vorurteile schürte und sogar erfand.

Ob jemand die Meinungs- und Staatsmedien boykottieren möchte, muss er selber beantworten. Doch, wenn er jene unterstützt, soll er nicht danach ankommen und herumheulen, dass es nur Propaganda wäre oder eine Lügenpresse. Der Konsument sollte offen sein - und rundherum lesen. Alternativ bis Staatsmedien. Nur so kann er seine eigene Meinung bilden. Aber BILD, FOCUS, STERN lesen und auf Facebook teilen, also bewerben, und dann "Lügenpresse" skandalieren, das geht nicht.

Und ja, die alternativen Medien brauchen jeden Klick. Aber solange wir, Verzeihung, so dumm sind und uns untereinander den Leser nicht gönnen, jede Zusammenarbeit auf eigene Vorteile abklopfen, so

lange werden Verlage, ob sie Springer oder Burda heißen, den Markt und damit die Meinung anführen. Und somit auch einer Frau Janich intonieren, was sie zu sagen hat. Sie ist selbst Opfer. Allerdings auch Opfer ihrer eigenen Systemangepasstheit. Nicht jedes Opfer verdient Mitleid!

Ich stimme Ihnen zu. Lassen Sie uns hier einen vorläufigen Schlussstrich ziehen. Ich bedanke mich bei Ihnen. Bis zum nächsten Gespräch!

Sehr gern!

‚Ein Hilfspaket Rente muss her' und das zum 125. Geburtstag der Rentenversicherung !

VON ERIKA LOHE-SAUL

Alle reden von Altersarmut, handeln jedoch nicht und unsere Bundeskanzlerin redet alles schön. Überall werden Hilfspakete geschnürt, also warum nicht auch für die Rentenversicherung? So wie Kinder heimlich im Advent Plätzchen aus der Weihnachtsplätzchendose stibitzen und erklären es war die Weihnachtsmaus, genauso dient seit Ende der 50er Jahre, den Regierenden die Deutsche Rentenversicherung – früher Bundesanstalt für Angestelltenrente – gerne als Spardose, aus der man sich heimlich bedient.

Ende November fand in Hannover die Armutskonferenz Nieder-sachsen statt, dort wurden neben schönen Reden auch Fakten genannt und Forderungen formuliert. In seiner Begrüßungs-rede fand der Vorsitzende des SoVD, Herr Bauer, deutliche Worte: „Wer die wachsende Gefahr der Altersarmut jetzt noch unterschützt, handelt grob fahrlässig." Wer sich an den Alten nicht versündigen will, wer den Mitbürgerinnen und Mitbürgern, welche in den nächsten 10 Jahren in Rente gehen noch eine Perspektive geben will und wer unseren Kindern und Enkelkindern überhaupt noch eine Chance auf Alterssicherung einräumt, DER muss jetzt schnell handeln, unbedingt notwendig sind:

Ein Hilfspaket Rente für die Menschen, die schon in Rente sind oder demnächst gehen

und

Ein neues, besseres und schon bewährtes Rentenversorgungs-system für unsere Kinder und Enkelkinder.

Beides ist machbar und

finanzierbar, wenn die Regierungen nur wollten. Hier ein paar erschreckende Zahlen, die jeder leicht nachlesen kann: Die Zahlen in Deutschland: Empfänger von Grundsicherung:

2004: 450.000 Personen
2014: 950.000 Personen (+ ca. 111%)

Davon älter als 65 Jahre:
2004: 260.000 Personen
2013: 455.000 Personen
2014: 490.000 Personen
Steigerungswert 2004 bis 2014 ca. 88%!
Weitere Betrachtungen am Beispiel Niedersachsen: Empfängrundsicherung:

2004: 56.000 Personen
2014: 101.000 Personen (+ ca. 80%)
Davon älter als 65 Jahre:
2004: 29.000 Personen
2014: 56.000 Personen (+ ca. 73%)

Das heißt, allein in Niedersachsen ist die Anzahl der Empfänger von Grundsicherung in den letzten 10 Jahren um über 88% gestiegen. Sie persönlich kennen keinen dieser Mitmenschen? Na klar, viele schämen sich, sind kaum zu sehen, wie auch? Sie können es sich nicht leisten im Sommer im Straßenkaffee zu sitzen oder jetzt über einen Weihnachtsmarkt zu bummeln!

Seit nun fast 30 Jahren fordern die Grauen Panther eine Mindestrente, die sich am Minimumniveau der Beamtenpensionen orientieren sollte. Wir Grauen Panther wollen uns hier nicht rühmen, wir hätten die Altersarmut, in heutigem und zukünftig drohenden Ausmaß vorher gesehen, aber vor den Folgen falscher Sozial- und Rentenpolitik gewarnt, das haben wir schon lange! Die Grund- oder auch Mindestrente, unter diversen

Bezeichnungen, vor der letzten Bundestagswahl, durch alle etablierten Parteien breit diskutiert, nun – hätte mal eine Regierung / Koalition wirklichen Mut zu Veränderungen bewiesen, so könnten wir doch heute längst eine existenzsichernde Mindestrente haben!?

Deshalb:

Die Grauen Panther fordern jetzt ein Hilfspaket Rente zur kurzfristigen Milderung von Altersarmut.

Wir fordern langfristig, für unsere Kinder und Enkelkinder, die Einführung des bewährten Schweizer Rentenmodells in Deutschland, in einer für Deutschland modifizierten Variante.

Vom Schweizer Modell haben Sie noch nichts gehört?

Also, was halten Sie denn von der Idee einer garantierten gesetzlichen Grundrente, gestaffelt und mit Höchstgrenze?

Wichtig: Alle berufstätigen Menschen zahlen in einen gemeinsamen Topf ihre Beiträge ein!

Zusätzlich kann sich jeder ergänzend freiwillig versichern und als drittes Standbein die betriebliche Altersvorsorge (auch als drei Säulenmodell der Rentenversicherung bekannt).

Die Grauen Panther fordern jetzt einen großen Schritt, hin zu einer befriedigenden Lösung, ansonsten machen Konferenzen wie die oben erwähnte „Armutskonferenz" keinen Sinn (dabei war sie sehr interessant)!

Von PEGIDA zum KONSERVATIVEN AUFBRUCH

VON JÖRG GRONEMANN

In den letzten Tagen gab es viele Meldungen über die PEGIDA – Aussteiger. Vieles entsprach den Tatsachen, es war jedoch auch viel erfundenes dabei. Auch die Gegenseite sprang auf den Zug auf und bediente sich eines Namens, der in der Presse auftauchte. Somit erstellten sie einige Portale und verbreiteten Falschmeldungen unter der Flagge der PEGIDA Aussteiger.

Selbst von Seiten der verbliebenen PEGIDA Organisatoren wurden Falschmeldungen in Umlauf gebracht. Bewusst oder unbewusst, das haben wir nicht zu entscheiden. Trotz Überprüfungen und Selektion konnten nicht alle Täuschung und Falschaussagen sofort als solche erkannt werden. Das ist das „Berufsrisiko" freier Journalisten. Der ehemalige Vize-Chef der PEGIDA, Rene Jahn, gab heute vor laufenden Kameras eine Pressekonferenz und schaffte Klarheit . Zuvor führte er ein Gespräch mit der MoPo.

Die Stellungnahme von PEGIDA, die ehemaligen Mitglieder der Organisation seien ausgetreten weil einige berufliche Einbußen durch PEGIDA hätten, sei gelogen. Man wollte sich eindeutig den rechtsradikalen Äußerungen Bachmanns, der darauf bestand in der Organisation zu bleiben, distanzieren. Dies hätte man nicht mit den Vorstellungen einer Organisation der bürgerlichen Mitte vereinbaren können. Inzwischen sei mit vier weiteren Aussteigern, darunter die angeschlagene Kathrin Oertel, eine Organisation entstanden, die sich auf Facebook „Konservativer Aufbruch Deutschland" nennt. In einem Treffen mit Lutz Bachmann soll der Verein PEGIDA e.V. abgewickelt werden. Für den 9. Februar plane man in Dresden eine eigene Demonstration mit 5.000 Teilnehmern.

In einer Pressemitteilung, die bereits am 28. Januar herausgegeben wurde, heißt es:

Rücktrittserklärung aus dem Orga-Team von PEGIDA e.V. und Bekanntgabe Vereinsaustritt
Wir haben uns am gestrigen Dienstag, den 27.01.2015, entschlossen, uns aus dem Orga-Team von PEGIDA e.V.

zurückzuziehen. Gründe hierfür waren, dass Verbleiben Bachmanns im Verein und Orga-Team von PEGIDA e.V., trotz der bekannt gewordenen Facebook-Postings vom September 2014, welche wir nicht mitzutragen gewillt sind. Wir grenzen uns klar von rechtsextremen Tendenzen ab. Weiterhin sind wir gegen den Schulterschluss mit LEGIDA in Leipzig. Ausdrücklich wies Kathrin Oertel zurück, dass nicht die auf der PEGIDA-Facebookseite angegebenen Punkte maßgeblich für ihren Rücktritt verantwortlich waren, sondern die oben angegebenen Gründe. Wir gründeten PEGIDA e.V., weil wir mit der derzeitigen Politik des Stillstandes nicht einverstanden waren. Auf das bisher erreichte, Politik und Zivilgesellschaft in einen vernünftigen Diskurs zu bringen, können wir stolz sein. Für uns ist an dieser Stelle jedoch nicht Schluss! Wir werden die nächsten Tage nutzen, um uns neu aufzustellen. Unsere Ziele, wie die Durchsetzung der direkten Demokratie auf Bundesebene, werden wir weiterhin zielstrebig verfolgen. Eine erste Veranstaltung ist für den 09.02.2015 in Dresden geplant.

Kathrin Oertel

(Pressemitteilung Dresden, den 28.01.2015 von Kathrin Oertel, Achim Exner, Bernd Volker Lincke, Rene Jahn, Thomas Tallacker)

Mitbestimmung, gesellschaftlichen Werten, Weltoffenheit und objektiver freier Pressearbeit, die Verbesserung der inneren Sicherheit – durch bessere Ausrüstung und Bezahlung unserer Sicherheitskräfte, Rettungsdienste und Pflegekräfte sowie die Förderung des Ehrenamtes. die zeitnahe Schaffung eines Einwanderungsgesetzes und die Förderung und den Erhalt des Mittelstandes als Basis einer gesunden Wirtschaft ein.

Die neu gegründete Organisation „Konservativer Aufbruch Deutschland" tritt laut Eigenbeschreibung u.a. für den Erhalt von demokratischer Freiheit, bürgerlicher

Die preußischen Tugenden

VON BURKHARD OSTERTAG

Aufrichtigkeit

Bescheidenheit

Disziplin

Gehorsam (jedoch nicht

ohne Freimut)

Geradlinigkeit

Gerechtigkeitssinn

Gottesfurcht bei

religiöser Toleranz

Härte (gegen sich mehr

noch als gegen Andere)

Ordnungssinn

Pflichtbewusstsein

Pünktlichkeit

Redlichkeit

Selbstverleugnung

Sparsamkeit

Tapferkeit ohne

Wehleidigkeit

Unbestechlichkeit

Unterordnung

Weltoffenheit

Zurückhaltung

Zuverlässigkeit

Zielstrebigkeit

Und wenn ich daran denke, nur diese Tugenden mir anzueignen, nicht für Andere, sondern ausschließlich nur für mich selbst, dann habe ich genügend mit mir selbst zu tun. Aber es käme der Allgemeinheit zu Gute. Ich weiß, diese Tugenden stehen dem sogenannten Mainstream entgegen, sie widersprechen den politischen Ideologien, Weltanschauungen und Zielsetzungen. Und dennoch, unsere Zukunft liegt in diesen Tugenden.

Aber wem sage ich das?

Sicher, Viele von uns kennen diese Tugenden und ich gehe einmal davon aus, dass sich diejenigen auch daran halten, besonders, wenn sie Anhänger der preußischen Krone sind. Auch wenn es nur Wenige sind, im Bezug auf die Gesamtbevölkerung, so ist es noch immer besser, einige Wenige halten diese Tugenden für sich hoch und wir können uns auf diese Personen verlassen, als wir rennen Alle dem Mainstream nach.

Das Problem, welches ich jedoch dabei sehe ist, daß die Auslegung, das Verständnis von diesen Tugenden entweder für die falschen Gründe herangezogen werden oder für ein falsches Verhalten gegenüber Anderen verwendet wird.

Gut, ich mag Gespenster sehen, jedoch ausschließen kann ich sie nicht. Während die Begriffe feststehen, ist jedoch das Problem, daß wir fast immer etwas Anderes darunter verstehen oder es auslegen. Daher wäre eine ständige Diskussion geboten, die sich mit den Inhalten der Begriffe befaßen, besser jedoch, daß wir diese Begriffe allgemeinverständlich definieren, damit sich jeder daran halten kann, ohne deswegen vorher eine Diskussion führen zu müssen.

Das heißt, die preußischen Tugenden und Werte zu leben, hat absolut nichts mit einer Weltanschauung oder Ideologie zu tun, sondern sind nur die Grundlage dafür, dass sich eine gesunde Gesellschaft bilden kann. Keine Gesetze oder

Vorschriften sind in irgendeiner Form geeignet, daß sich ein homogenes Ganzes bilden kann, weil die einzelnen Gesellschaften in diesem Ganzen gegenseitig heterogen sind. Gesetze und Vorschriften können immer nur die prinzipiellen Rahmenbedingungen dann schaffen, in denen sich die einzelnen Gesellschaften bewegen.

Damit aber das Miteinander nicht ohne Geist und Seele, also sich nur nach Gesetzen und Vorschriften ergibt, sind die Tugenden und Werte die Grundlage und der Mörtel, welcher das Ganze zusammenhält. Und so, wie die derzeitige Politik sich

Das heißt, eine Wertordnung

ist das allgemeine und ungeschriebene Verhalten der daran macht, zuerst diese Werte und Tugenden außer Kraft zu setzen und dogmatisch zu missachten, kann es daher nur in eine Richtung gehen, welche sich in den Abgrund entwickelt. Gesetze und Vorschriften nach der Logik zu machen, ist die eine Seite, die andere Seite ist jedoch, den Geist und die Seele den Gesetzen und Vorschriften einzuhauchen, damit diese einen Sinn erhalten, dazu braucht es die Grundlage der Werte und Tugenden.

Alleine diese praktisch zu leben, würde zumindest gedanklich schon eine Masse an Gesetzen und Vorschriften einsparen, weil durch das Verhalten der Menschen es unnötig werden würde, Gesetze zu schaffen, deren Sinn im Moment der Entstehung zwar vielleicht einen Sinn ergäben, jedoch auf Dauer, durch die permanente Entwicklung der Menschen und der Situationen, sich ständig ändern und daher sinnlos werden.

Im Gegenteil, jedes Gesetz hindert eine vernünftige Entwicklung in der Folge und Konsequenz. Denn Gesetze sind erstarrte Momente, die sich nicht mit entwickeln.

Die Zehn Gebote sind genauso Gesetze, welche jedoch jene Allgemeingültigkeit haben, die unabhängig dessen sind, wie sich die Menschheit entwickelt. Das gilt für die Tugenden und Werte genauso. So sind nur Gesetze sinnvoll, welche diese Unabhängigkeit und Allgemeingültigkeit haben.

Und so sollten wir einmal darüber nachdenken, welchen Sinn die Politik in dieser Form, wie wir sie heute kennen, wirklich macht. Politische Arbeit in der Anzahl von Gesetzen zu messen, mag jenen einfachen Geistern entgegenkommen, die an diese Form der Politik noch immer glauben. Aber denen kann dann auch den Glauben an den Storch, der die Kinder bringt und den Weihnachtsmann, der die Geschenke bringt, nicht genommen werden.

Alle Gesetze jedoch beruhen darauf, daß sie auf Grund einer Wertordnung entstehen.

Menschen miteinander. Und wenn es in diesem Verhalten Unstimmigkeiten und Ungereimtheiten gibt, dann werden diese Situationen zunächst diskutiert, damit wieder ein allgemeingültiges Grundverhalten sich daraus entwickeln kann und je nach Bedarf kann dann das zum Gesetz gemacht, also als Vorschrift festgelegt werden. Aber das gilt ausschließlich nur für Verhalten, welche eine Allgemeingültigkeit hat, unabhängig von Allem.

Doch wenn die Werte fehlen, wie wir es heute erleben,

dann machen Gesetze nur noch den Sinn, daß die Menschen in ein Zwangskorsett gezwängt werden und ihnen durch Gesetze das Verhalten vorgeschrieben und somit die Freiheit entzogen wird.

Aber Gesetze entstehen immer durch das Verhalten und nie durch den Willen der Menschen. Diesen Denkfehler machen genau jene, die von der Freiheit reden und gleichzeitig diese abschaffen. Denn die Grundwerte, wie besonders die preußischen Tugenden, sind nur ein Teil dieser Wertordnung. Selbst diese Tugenden brauchen einen Rahmen, an welchem sich die Tugenden ausrichten können, vielleicht auch müssen, damit sie stabil und zeitlos unab-

hängig sind und bleiben. Es ist dies auch der Rahmen, in dem die Tugenden sich erst so entfalten können, wie sie für die Gesetzgebung dringend geboten wäre. So ist es nun die Aufgabe eines jeden Einzelnen von uns, sich einmal darüber Gedanken zu machen, wie es gewesen wäre, wären die preußischen Tugenden als tragendes Fundament für die Entscheidungen der Gesetzgebung gewesen, wie auch für das Verhalten der Verursacher der Krisen und Katastrophen. Gut, im Nachhinein ist es immer leicht zu sagen, was gewesen wäre, aber es geht darum, daß wir die Diskussionen beenden und zurückkehren zu diesen Tugenden, damit von diesem Moment an die Zukunft nicht

weiter in den Abgrund führt.

Gut, ich kann für mich diese Tugenden Anwenden, was schon einen Schritt in die richtige Richtung geht, aber es ist ein schwerer Weg, wenn nämlich die Gesetzgeber diese Tugenden dann derart ausnützen und mit einem angeblich demokratischen Vorgehen die Freiheiten abgebaut werden, indem angeblich die Gesetze demokratisch legitimiert nur für unser Aller Wohl beschlossen werden. Aber das ist wieder eine völlig andere Sache. Wenn schon in der Politik diese Werte keine Gültigkeit haben, dann sollten sie zumindest für uns Monarchisten gelten.

Die erste Pegida-Veranstaltung in Frankfurt oder: glimpflich dem linken Hexenkessel entflohen

VON WOLFGANG LULEY

Böller und Flaschen gegen friedliche Bürger. Das ist eine Erkenntnis der ersten Pegida-Demo in Frankfurt. Der Termin, am 26. Januar, stand unter keinem guten Motto. Die Anmelderin, Heidi Mund, hatte sich zwar ein kluges Motto ersonnen (Meinungsfreiheit darf in Deutschland nicht zu einer Mutprobe werden), genau das war es aber – den Linken wegen.

Lese ich danach Zeitungen, etwa die Bild oder die Frankfurter Rundschau, kann ich nur ungläubig den Kopf schütteln. Spontan fällt mir das Wort „Lügenpresse" ein. Ich war mit zwei Freunden selbst dabei. Hier ein paar Eindrücke dazu.

Als wir um 17.30 Uhr zur Katharinenkirche kommen, ist der Platz vor der Kirche bereits versperrt von Linken und Polizisten. Es gibt nirgends einen Durchgang. Erst unter Polizeischutz können wir uns durch die Menge wühlen, wobei die Linken nach uns schlagen und treten. Auf dem Platz selbst sind etwa 50 oder 60 Leute. Einige Jüngere und viele im Rentenalter. Ein älterer Herr beklagt sich laut, dass er nur hatte schauen wollen, was die Pegida-Demonstranten für Leute seien und sei gleich von Linken, unter dem Ruf: „Der gehört dazu!", attackiert worden. Eigentlich wolle er gar nicht hier sein – und was das überhaupt alles solle? Aber niemand der Anwesenden weiß Rat oder Antwort.

Nach einer halben Stunde kommt Frau Mund und wird von ihrem Bekannten,

Rotem Avituv, begleitet, der extra aus Israel eingeflogen ist, damit er an der Demo teilnehmen kann. Beide werden von Leuten unterstützt, die Fahnen ausgeben und die die Sprechanlage aufbauen. Bald darauf schwenken Teilnehmer die Fahnen der Schweiz und Deutschland und Italien und Israel. Die Linken brüllen: „Deutschland verrecke!", und „Wir sind Frankfurter und nicht ihr!" In meinem Fall stimmt das, ich bin aus Mannheim. Ich stelle mich vor die linke Masse und brülle: „Ihr Volksverräter!" Daraufhin fliegen mehrere Eier auf mich. Ich bin aber schneller und weiche allen aus. Nicht ein Spritzer trifft mich.

In der Zwischenzeit spricht Herr Avituv. Er hält seine Rede auf Englisch, die übersetzt wird. Er spricht davon, dass er extra aus Israel gekommen sei und sich mit der Pegida-Bewegung solidarisch zeige. Er betont, dass jeder das Recht auf seine Meinung habe und er halte die Linken für intolerant. Auch spricht er darüber, dass viele Deutsche keine Ahnung über den Islam hätten. Er spricht von Bekannten und Freunden, die er bei islamischen Anschlägen verloren habe. Auch bekenne er sich zur Islamophobie. Er sagt, dass er sehr wohl Angst vor Moslems habe, die ihn mit dem Tode bedrohen. Das quittieren Linke mit dem Wurf von Böllern und Eiern und Flaschen.

Ein Sprecher der Polizei ermahnt die Linken, wieder und weder aufzuhören. Die Linken brüllen aber nur lauter und rütteln an den

Absperrvorrichtungen. Einige von ihnen wollen sogar den Platz stürmen, was aber ein Aufgebot mehrerer Polizisten verhindern kann. In den Reihen, hinter der Polizei, eilen einige andere Polizisten hinzu und filmen mit Kameras. Da wird die vordere Reihe der Randalierer plötzlich still und brav. Nur aus hinteren Reihen ertönen Pfiffe und Parolen. Nach einigen anderen Rednern, es sind vier Redner insgesamt, spricht Frau Mund als letzte. Sie berichtet, wie Antifas Zettel an ihre Hausnachbarn verteilt haben und liest einen, dieser Zettel, vor. Sie wird darin als Rassistin diffamiert und als Person, die gegen Toleranz sei und Vielfalt. Frau Mund berichtet von ihrem Leben in der DDR und wie sie, in jungen Jahren, eine überzeugte Kommunistin gewesen sei und wie sie dann ihren Glauben an Gott gefunden habe. Sie erzählt auch, welche gesellschaftlichen Folgen das für sie gehabt hatte. Sie war von der Stasi bespitzelt worden und habe schließlich einen Ausreiseantrag gestellt. An Ende ihrer Rede erzählte sie, wie sehr die Antifa sie an diese frühe DDR-Zeit erinnere. Und tatsächlich, wer Zeuge dieser Veranstaltung ist, weiß, wer droht und wer friedlich ist. Der Mann, der nur zufällig auf die Veranstaltung geraten ist, sagt: Die Polizei muss die „bösen" vor den „guten" schützen. Da müssen einige Teilnehmer lachen. Gegen 19.30 Uhr beendet Frau Mund die Pegida-Veranstaltung.

Damit ist der Abend aber

noch nicht vorbei. Die Linken bleiben und blockieren uns. Die Polizei will uns erst um die Kirche herum führen, sodass wir hinter der Kirche weg können; die Linken stehen aber überall und brüllen und werfen Gegenstände. Nach etwa einer Stunde können wir gehen. Im Schutz der Polizei werden wir zur S-Bahn gebracht, wo uns Linke erwarten. Sie greifen Polizisten an, die zwischen uns und den Linken stehen. Es gibt unschöne Szenen, in denen die Polizei eingreifen muß. Auch mit Handschellen. Die Linken aber stört das nicht. Ich erinnere mich an das Gesicht eines Linken, der mich freudestrahlend anlächelte und rief: „Frankfurt bleibt nazifrei – verpiss Dich!" Ich hätte ihn gerne gefragt, was ihn so sicher mache, dass er kein Nazi sei, aber dazu blieb keine Zeit. Die Polizei drängte uns, weiter zu gehen. Ich glaube, selbst wenn Zeit geblieben wäre, mehr als Parolen hätten der Linke nicht aus seinem Mund bekommen. Es lässt einen die Brust voll Stolz anschwellen, wenn man weiß, man steht auf der richtigen Seite. Ich vermute aber, dass die richtige Seite, in dem Fall, die falsche ist.

Dieser Eindruck jedenfalls vermittelt mir die Erfahrung auf dieser Veranstaltung und die Berichte in der Presse, die es als wünschenswert aussehen lassen, dass die Pegida-Bewegung falsch sei und es tolerieren, dass Linke, genehmigte Veranstaltungen stören und so die Meinungsfreiheit unterdrücken.

Ich werde sicher wieder hingehen!